연세 한국어

활용연습 2-2

연세대학교 한국어학당 편

연세대학교 대학출판문화원

연세 한국어

활용연습 2-2

편저자 연세대학교 한국어학당 교재편찬위원회
집필진 김미옥 · 박지연 · 강혜림 · 황혜진
발행 연세대학교 대학출판문화원

주소 서울시 서대문구 연세로 50
전화 02) 2123-3380~2
팩스 02) 2123-8673
e-mail : ysup@yonsei.ac.kr
http://www.yonsei.ac.kr/press
등록 1955년 10월 13일 제9-60호
인쇄 (주)동국문화
녹음 (주)반도음반
성우 윤미나 · 전광주
삽화 디투웍스
편집 더그라프

2013년 3월 5일 1판 1쇄 2019년 2월 27일 1판 10쇄
ISBN 978-89-6850-005-3(08710)
ISBN 978-89-6850-003-9(세트)

값 15,000원(CD포함)

일러두기

- '연세 한국어 활용연습 2'는 총 10과로 이루어져 있으며, 각 과는 5개의 항으로 구성되어 있다.

- 각 과는 5개의 항으로 구성되어 있는데 1항부터 4항까지는 어휘, 문법 연습으로 구성되어 교재에 나온 어휘와 문법을 연습하도록 되어 있다. 5항은 한 과의 전체 내용을 총 정리하고 복습하는 내용으로 되어 있으며, 어휘와 문법 복습과 듣기 연습, 읽기 연습, 말하기 연습 등으로 구성되어 있다. 말하기 연습은 과마다 2개씩 넣었는데, 첫 번째 연습은 주제와 관련된 말하기 연습, 두 번째 연습은 문법 활용에 관련된 말하기 연습이며 첫 번째 말하기 연습에는 보기에서 모범 발화 예문을 제시하여 학생들의 이해와 연습을 돕고자 하였다.

- 학생들의 흥미를 끌고자 각 과의 중간 중간에는 재미있는 문장 읽기, 같은 소리 다른 말, 재미있는 말놀이, 숨은 글자 찾기, 주제별 단어 찾기 등 다양하고 흥미로운 내용으로 5개의 쉼터를 넣었다.

- 5과가 끝날 때마다 복습 문제를 넣어 배운 내용을 정리할 수 있도록 하였다.

- 문법 연습에는 문형에 필요한 품사들을 명기하였는데 명사는 N, 동사의 어간은 AVst, 형용사의 어간은 DVst로 표기하여 학생들의 이해를 돕고자 하였다.

- 학생들의 이해를 돕고자 각 연습 문제의 1번에는 정답을 써주어 보기와 같은 역할을 할 수 있도록 하였다.

- 책의 뒷부분에는 교재에 실린 듣기 연습 부분의 지문과 정답을 실어 학생들이 스스로 정답을 확인하고 공부하는데 도움이 되도록 하였다.

차례

2-1

일러두기

제1과_ 소개 6

제2과_ 한국음식 32

제3과_ 시장 56

제4과_ 초대 82

제5과_ 교통 112

듣기 지문/정답

2-2

일러두기

제6과_ 공공기관 146

제7과_ 전화 174

제8과_ 병원 198

제9과_ 여행 224

제10과_ 집안일 248

듣기 지문/정답

제6과 공공기관

6과 1항

어휘

1. 다음 [보기]에서 알맞은 단어를 골라 (   ) 안에 쓰십시오.

[보기] 종교　　검색　　아마　　자료　　알아보다

❶ 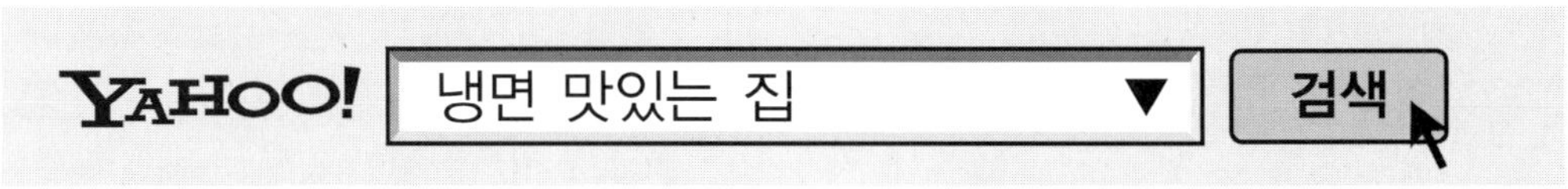

❷ 이름 : 김 지선　　나이: 25　　(   ) : 기독교

❸ [2과 2항]
학습 목표 : 음식 소개하기
어　　휘 : 음식 이름
(   ) : 음식 사진

❹ 수학여행을 가겠습니까?

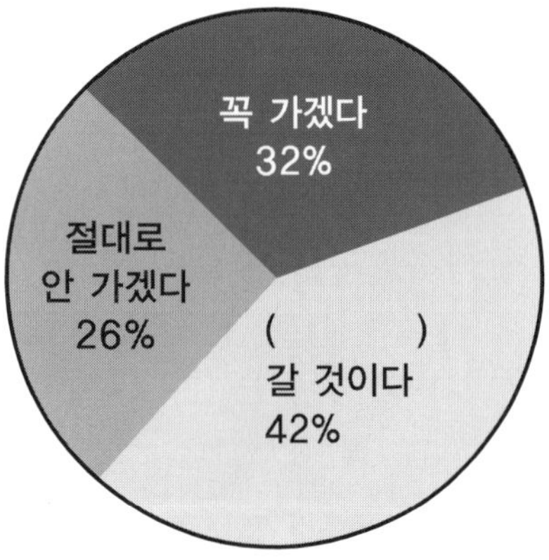

❺

내일 할 일
비디오 반납하기
하숙집 (   )
세탁소에서 옷 찾기

2. 다음 [보기]에서 알맞은 단어를 골라 (　　　) 안에 쓰십시오.

[보기] 열람실　　학생증　　연체료　　반납하다　　대출하다

〈도서관 이용 안내〉

■ (❶ 학생증)이/가 없는 사람은 도서관에 들어갈 수 없습니다.

■ 도서관에서 담배를 피울 수 없습니다.

■ 휴대폰을 꺼 주십시오.

〈도서관 안내〉

■ (❷　　　　　)은/는 지하 1층부터 4층까지 입니다.

■ 5층에는 식당과 복사실이 있습니다.

■ 화장실은 층마다 있습니다.

〈알림〉

■ 책은 2주일 동안 (❸　　　　　)을/ㄹ 수 있습니다.

■ 오늘 빌린 책은 9월 15일까지 (❹　　　　　)어야/아야/여야 합니다.

■ (❺　　　　　)은/는 하루에 500원입니다.

문법

N에 대해서

3. 다음 그림을 보고 무엇에 대한 책인지 쓰십시오.

❶ 

건강 에 대한 책입니다.

❷ 

__________ 에 대한 책입니다.

❸ 

__________ 에 대한 책입니다.

❹ 

__________________ .

❺ 

__________________ .

❻ 

__________________ .

4. '에 대한/대해서'를 사용해서 다음 대화를 완성하십시오.

❶ 가 : 무슨 책을 찾으세요?

나 : 교육에 대한 책 있어요?

☐ 사랑 ☐ 결혼 ☑ 교육 ☐ 건강

❷ 가 : 무슨 운동에 대해서 알고 싶습니까?

나 : ______________________________.

☐ 축구 ☐ 야구 ☐ 농구 ☐ 수영

❸ 가 : 이 회사에 대해서 무엇을 알고 싶습니까?

나 : ______________________________.

☐ 월급 ☐ 분위기 ☐ 하는 일 ☐ 일하는 시간

❹ 가 : 친구들과 무슨 이야기를 했어요?

나 : ______________________________.

☐ 여행 준비물 ☐ 여행 장소 ☐ 여행 날짜 ☐ 출발 시간

❺ 가 : 그 사람의 무엇에 대해서 알고 싶어요?

나 : ______________________________.

☐ 성격 ☐ 직업 ☐ 가족 ☐ 취미

❻ 가 : 어제 본 영화는 무엇에 대한 거예요?

나 : ______________________________.

☐ 결혼 ☐ 친구 ☐ 전쟁 ☐ 가족의 사랑

Vst을지/ㄹ지 모르겠다

5. 다음 대화를 완성하십시오.

❶ 가 : 민수 씨가 우리를 알아볼까요?

나 : 글쎄요, 오래간만에 만나서 ~~어서/아서/여서~~ 알아볼지 ~~을지/ㄹ지~~ 모르겠습니다.

❷ 가 : 지금 가면 표가 있을까요?

나 : .... 어서/아서/여서 .... 을지/ㄹ지 모르겠습니다.

❸ 가 : 제시간에 도착할 수 있을까요?

나 : .... 어서/아서/여서 .... 을지/ㄹ지 모르겠습니다.

❹ 가 : 오늘 이 일을 다 끝낼 수 있을까요?

나 : ....

❺ 가 : 지선 씨가 우리를 도와줄까요?

나 : ....

❻ 가 : 내일 등산을 갈 거예요?

나 : ....

6. '-을지/ㄹ지 모르겠다'를 사용해서 다음 대화를 완성하십시오.

지선 : 마이클 씨 드리려고 책을 한 권 샀는데 ❶ 마음에 드실지 모르겠습니다.

마이클 : 아, 고맙습니다. 그런데 제가 한국말을 잘 못해서 ❷ ______________.

지선 : 아니에요. 마이클 씨는 한국말을 잘 하니까 괜찮을 거예요.

마이클 : 오늘 세르게이 씨도 옵니까?

지선 : 글쎄요, 세르게이 씨가 요즘 바빠서 ❸ ______________.
참, 마이클 씨, 다음 학기에도 공부해요?

마이클 : 아르바이트를 시작해서 ❹ ______________.

지선 : 그렇지만, 아르바이트를 하면 한국말을 많이 쓰니까 말하기가 좋아질 거예요.

마이클 : 외국 회사에서 아르바이트를 해서 ❺ ______________
______________.

지선 : 그런데, 오늘은 뭘 먹을까요?

마이클 : 인도 음식을 먹으려고 하는데 ❻ ______________
______________.

지선 : 좋아요. 저는 인도 음식이 입에 맞아요.

6과 2항

어휘

1. 다음 [보기]에서 알맞은 단어를 골라 써 넣으십시오.

[보기] 환율 환전 여직원 여권 처리하다 떨어지다

❶② 여	직	원			
					⑥
	❸④				
		❺			

[가로]

❶ 은행에는 남자 직원도 있고 ○○○도 있어요.

❸ 이것은 날마다 바뀌어요. $1=₩ xxx

❺ 일을 끝내다, 쓰레기를 ○○○○

[세로]

② 해외여행갈 때 이것이 꼭 필요해요.

④ 다른 나라 돈으로 바꾸는 것

⑥ 날씨가 추워져서 기온이 ○○○○

2. 다음 단어를 연결하고 은행에서 무엇을 하는지 쓰십시오.

① 번호표

② 통장

③ 줄

④ 예금

⑤ 돈

만들다 찾다 하다 서다 뽑다

❶ 번호표를 뽑습니다 .

❷

❸

❹

❺

문법

AVst는 동안

3. 로라 씨와 양견 씨는 같은 하숙집에서 삽니다. 다음은 로라 씨와 양견 씨의 하루 생활입니다. 문장을 완성하십시오.

	로라	양견
1:00 ~ 1:30	점심을 먹었다	숙제를 했다
1:30 ~ 3:00	낮잠을 잤다	TV 봤다
3:00 ~ 5:00	쇼핑을 했다	헬스클럽에서 운동을 했다
5:00 ~ 7:00	미장원에서 머리를 잘랐다	집에서 쉬었다
7:00 ~ 8:00	청소를 했다	빨래를 했다
8:00 ~ 10:00	친구에게 이메일을 보냈다	친구와 술을 마셨다

❶ 로라 씨가 점심을 먹 는 동안 양견 씨는 숙제를 했습니다 .

❷ ______________ 는 동안 ______________

❸ ______________ 는 동안 ______________

❹ ______________

❺ ______________

❻ ______________

YONSEI KOREAN WORKBOOK 2

4. 질문에 맞는 대답을 연결하고 '-는 동안'을 사용해서 문장을 만드십시오.

❶ 버스를 타고 올 때 뭐 해요? •	• 이천만 원을 모았어요.
❷ 회사에 다닐 때 돈을 많이 모았어요? •	• 사진을 많이 찍었어요.
❸ 여행을 할 때 뭐 했어요? •	• 밖을 구경해요.
❹ 한국에서 사는 동안 뭐 하고 싶어요? •	• 도서관에서 아르바이트를 했어요.
❺ 대학교에 다닐 때 무슨 아르바이트를 했어요? •	• 책을 읽어요.
❻ 친구를 기다릴 때 뭐 해요? •	• 한국 친구를 많이 사귀고 싶어요.

❶ 버스를 타고 오는 동안 밖을 구경해요.

❷ ____________________.

❸ ____________________.

❹ ____________________.

❺ ____________________.

❻ ____________________.

N에 비해서

5. 그림을 보고 문장을 완성하십시오.

❶

작년

올해

올해 여름이 ______작년 여름에 비해서______
안 더워요.

❷

맥주가 ____________________
____

❸

중간시험

기말시험

기말시험이 ____________________
____

❹

나이 : 8살
키 : 150cm

나이에 비해서 ____________________
____

❺

값에 비해서 ____________________
____

❻

식구수에 비해서 ____________________
____

6. 다음 [보기]에서 알맞은 단어를 골라 '에 비해서'를 사용해서 대화를 완성하십시오.

[보기]	값	다른회사	뉴욕	버스	크기	일

❶ 가 : LA가 복잡하지요?
나 : 아니요, 뉴욕에 비해서 복잡하지 않아요.

❷ 가 : 지하철로 오는 것이 더 빠릅니까?
나 : 네, ______________________.

❸ 가 : 그 회사는 출근시간이 어떻습니까?
나 : ______________________.

❹ 가 : 그 회사는 월급이 많아요?
나 : 아니요, ______________________.

❺ 가 : 이 차가 기름값이 많이 들어요?
나 : 네, ______________________.

❻ 가 : 그 가게 물건이 어때요?
나 : ______________________.

6과 3항

어휘

1. 다음 [보기]에서 알맞은 단어를 골라 (   ) 안에 쓰십시오.

[보기] 이상   저울   올려놓다   생기다   보험에 들다

❶ 사용하시다가 (이상)이/가 있으면 언제든지 가지고 오십시오.

❷ 지선 씨한테 남자친구가 (   )어서/아서/여서 요즘 너무 예뻐졌어요.

❸ 공항에서 짐을 부칠 때 (   )으로/로 가방이 몇 kg인지 확인합니다.

❹ 갑자기 사고가 나거나 아플 수 있으니까 (   )는,은/ㄴ 것이 좋습니다.

❺ 지하철에는 가방을 (   )는,은/ㄴ 곳이 있습니다.

2. 다음 [보기]에서 알맞은 단어를 골라 (   ) 안에 쓰십시오.

[보기] 배편   특급 우편   보통 우편   국제 특급   택배

❶ 가 : 외국으로 이삿짐을 보내려고 합니다. 어떻게 보내면 됩니까?
나 : (배편)으로/로 보내십시오.

❷ 가 : 외국으로 보내는 급한 서류는 무엇으로 보내야 합니까?
나 : (   )으로/로 보내십시오.

❸ 가 : 우체국에 갈 시간이 없을 때 소포를 보낼 방법이 있을까요?
나 : (   )으로/로 보내면 돼요.

❹ 가 : 이 편지를 내일까지 부산에 보내야 하는데 어떻게 하면 돼요?
나 : (   )으로/로 보내세요.

❺ 가 : 이 편지를 다음 주 수요일까지 제주도에 보내려면 무엇으로 보내야 해요?
나 : (   )으로/로 보내면 돼요.

문법

Vst거나

3. 다음 문장을 바꾸어 쓰십시오.

❶ 주말에는 운동을 할 때도 있고 집에서 쉴 때도 있습니다.

➔ 주말에는 운동을 하 거나 집에서 쉽니다 .

❷ 오후에는 도서관에서 공부할 때도 있고 친구들과 같이 이야기할 때도 있습니다.

➔ ________ 거나 ________

❸ 심심하면 만화책을 읽을 때도 있고 컴퓨터 게임을 할 때도 있습니다.

➔ ________ 거나 ________

❹ 시간이 있으면 미술관에 갈 때도 있고 등산을 할 때도 있습니다.

➔ ________

❺ 돈이 없으면 친구들한테 빌릴 때도 어머니께 부탁할 때도 있습니다.

➔ ________

❻ 고향에서 친구가 오면 같이 쇼핑을 할 때도 있고 서울 시내를 구경할 때도 있습니다.

➔ ________

4. '-거나'를 사용해서 질문에 대답하십시오.

❶ 가 : 언어교환을 하려면 어떻게 해야 해요?

나 : 친구들한테 부탁하거나 학교에 신청하세요 .

❷ 가 : 학생들은 보통 어떤 아르바이트를 해요?

나 : ....

❸ 가 : 물건을 살 때 돈이 모자라면 어떻게 해요?

나 : ....

❹ 가 : 공부하다가 모르는 것이 있으면 어떻게 합니까?

나 : ....

❺ 가 : 지하철역에서 학교까지 어떻게 와요?

나 : ....

❻ 가 : 스트레스가 쌓이면 어떻게 합니까?

나 : ....

Vst습니다/ㅂ니다만

5. 다음 문장을 바꾸어 쓰십시오.

❶ 운동을 좋아합니다. 그렇지만 자주 하지 않습니다.

➔ 운동을 좋아합니다만 ~~습니다만/ㅂ니다만~~ 자주 하지 않습니다 .

❷ 방은 좋습니다. 그렇지만 학교에서 너무 멉니다.

➔ .... 습니다만/ㅂ니다만 ....

❸ 모양은 괜찮습니다. 그렇지만 값이 좀 비쌉니다.

➔ .... 습니다만/ㅂ니다만 ....

❹ 술을 잘 못 마십니다. 그렇지만 분위기는 좋아합니다.

➔ ....

❺ 한국에 온 지 3년 되었습니다. 그렇지만 아직 모르는 게 많습니다.

➔ ....

❻ 제 친구는 아닙니다. 그렇지만 몇 번 만난 적이 있습니다.

➔ ....

6. '-습니다만/ㅂ니다만'을 사용해서 질문에 대답하십시오.

❶ 가 : 영화를 좋아하시지요? 오늘 같이 영화나 봅시다.

나 : 영화를 좋아합니다만 ~~습니다만/ㅂ니다만~~ 고향에서 친구가 와서 ~~어서/아서/여서~~ 못 가겠습니다.

❷ 가 : 어머, 고기를 안 좋아하세요?

나 : 아니요, ______ 습니다만/ㅂ니다만 ______ 어서/아서/여서 ______.

❸ 가 : 오래간만에 만났으니까 한잔합시다. 맥주 좋아하시지요?

나 : ______ 습니다만/ㅂ니다만 ______ 어서/아서/여서 ______.

❹ 가 : 토요일에 친구들과 같이 등산을 가려고 하는데 같이 가시겠어요?

나 : ______

❺ 가 : 수업이 한 시에 끝나니까 오후에는 한가하시지요?

나 : ______

❻ 가 : 제주도에 배로 갈 수 있지요?

나 : ______

6과 4항

어휘

1. 다음 [보기]에서 알맞은 단어를 골라 (　　) 안에 쓰십시오.

[보기] 연장　　신청서　　서류　　재학증명서　　놓이다

❶ 통장을 만드시려면 (신청서)을/를 써 주십시오.

❷ 비자를 (　　　)하려면 어떻게 해야 합니까?

❸ 책상 위에 (　　　)는,은/ㄴ 물건이 뭐예요?

❹ 오늘 할 일이 많아요. 회의 준비도 해야 하고 (　　　)도 정리해야 해요.

❺ 장학금을 받으려면 (　　　　　　)을/를 내야 합니다.

2. 관계있는 단어를 연결하고 문장을 만드십시오.

❶ 외국인 ○○○ / 주민 ○○○ • / 차량 ○○○　　• 기간

　　............은/는 ....부터 ....까지입니다.

❷ 재학 증명서를 ○○ / 비자를 ○○ • / 장학금을 ○○　　• 등록증

　　주민등록증 은/는 18살부터 받을 수 있습니다.

❸ 유효 ○○ / 비자 ○○ • / 시험 ○○　　• 받다

　　............을/를 ....으려면/려면 ....

문법

Vst어/아/여 있다

3. 다음 [보기]에서 알맞은 동사를 골라 그림에 맞게 문장을 완성하십시오.

[보기] 놓이다 열리다 닫히다 걸리다 꺼지다 켜지다

①

- 은행 문을 닫습니다.
- 은행 문이 닫혀 있습니다.

②

- 컵을 책상에 놓습니다.
- 컵이 ....

③

- 창문을 엽니다.
- 창문이 ....

④

- 불을 끕니다.
- 불이 ....

⑤

- 텔레비전을 켭니다.
- 텔레비전이 ....

⑥

- 옷을 옷걸이에 겁니다.
- 옷이 ....

4. 다음 [보기]에서 알맞은 '-어/아/여 있다'를 사용해서 동사를 골라 쓰십시오.

[보기]	살다	앉다	서다	남다	비다	들다
	붙다	가다	꺼지다	걸리다	열리다	

❶ 교실에 왔을 때 불이 꺼져 있었어요 ~~었어요/았어요/였어요~~.

❷ 나는 오늘 늦을 것 같으니까 너 먼저 집에 ______ 어/아/여.

❸ 가방에 책이 너무 많이 ______ 어서/아서/여서 무거워요.

❹ 우리 집 고양이 다섯 마리 중에서 네 마리는 죽고 한 마리만 ______ 어/아/여.

❺ 백화점에서 일하니까 하루 종일 ______ 어서/아서/여서 피곤해요.

❻ 복도에는 '금연'이라는 표시가 ______ 어요/아요/여요.

❼ 저는 할 일이 ______ 어서/아서/여서 7시쯤 집에 갈 수 있어요.

❽ 청소는 나 혼자 할 수 있으니까 너는 소파에 ______ 어/아/여.

❾ 제 하숙집 옆 방이 ______ 는데,은데/ㄴ데 그 방으로 이사 오세요.

❿ 이 공원은 문이 항상 ______ 으니까/니까 언제든지 갈 수 있어요.

Vst지 않으면 안 되다

5. 연결하고 문장을 바꾸어서 쓰십시오.

❶ 한국에서 오랫동안 살려면 •	• 여권을 받아야 합니다.
❷ 운전을 하려면 •	• 외국인 등록증을 받아야 합니다.
❸ 해외여행을 하려면 •	• 단어 공부를 많이 해야 합니다.
❹ 건강해지려면 •	• 면허증을 받아야 합니다.
❺ 3급에 가려면 •	• 담배를 끊어야 합니다.
❻ 한국말을 빨리 배우려면 •	• 시험을 봐야 합니다.

❶ 한국에서 오랫동안 살려면 외국인 등록증을 받 지 않으면 안됩니다.

❷ .... 지 않으면 안됩니다.

❸ .... 지 않으면 안됩니다.

❹ ....

❺ ....

❻ ....

YONSEI KOREAN WORKBOOK 2

6. '-지 않으면 안 되다'를 사용해서 질문에 대답하십시오.

- 뭐든지 잘 먹는 사람
- 종교가 같은 사람
- 재미있는 사람

- 요리를 잘 하는 사람
- 머리가 긴 사람
- 잘 웃는 사람

지선 씨가 결혼하고 싶은 사람은 어때야 합니까?

❶ 뭐든지 잘 먹지 않으면 안 됩니다 .

❷ ………………………………

❸ ………………………………

민수 씨가 결혼하고 싶은 사람은 어때야 합니까?

❹ ………………………………

❺ ………………………………

❻ ………………………………

여러분이 결혼하고 싶은 사람은 어때야 합니까? 두 개만 써 보세요.

- ………………………………
- ………………………………

6과 5항

어휘와 문법

1. 다음 [보기]에서 알맞은 단어를 골라 (　　) 안에 쓰십시오.

[보기] 이상　자료　여권　신청서　서류
올려놓다　처리하다　떨어지다　보험에 들다　알아보다

① 미국에 여행 갔을 때 (여권)을/를 잃어 버려서 너무 고생했어요.

② 배터리, 플라스틱, 스티로폼 등은 (　　　　)기 힘든 쓰레기입니다.

③ 남산 도서관에 가면 한국 전통 악기에 대한 (　　　　)이/가 많을 거예요.

④ 텔레비전에 (　　　　)이/가 있는 것 같아요. 안 켜져요.

⑤ 환율이 (　　　　)어서/아서/여서 해외 여행 갈 때 돈이 작년보다 덜 들어요.

⑥ 운전을 하는 사람은 꼭 (　　　　)어야/아야/여야 합니다.

⑦ 다음 학기가 언제 시작하는지 사무실에 가서 (　　　　)겠습니다.

⑧ 여권을 만들려면 내야 하는 (　　　　)이/가 많아요.

⑨ 가방을 바닥에 놓지 말고 의자 위에 (　　　　)으세요/세요.

⑩ 도서관에서 아르바이트를 하고 싶은 사람은 (　　　　)을/를 써서 사무실에 내십시오.

2. 관계있는 것을 [보기]에서 골라 쓰십시오.

[보기] 열람실　택배　연체료　항공편　현금 자동 인출기
외국인등록증　유효기간　통장　저울　대출하다
연장하다　돈을 찾다　신청하다　반납하다　보내다　저금하다

① 도서관　:　열람실, ________, ________, ________

② 은행　:　________, ________, ________, ________

③ 우체국　:　________, ________, ________, ________

④ 출입국 관리 사무소　:　________, ________, ________, ________

YONSEI KOREAN WORKBOOK 2

3. 다음 질문에 대답하십시오.

❶ 가 : 어제는 무엇에 대해서 이야기했어요?

나 : 음식 쓰레기 처리 문제 에 대해서 ________ 이야기했습니다 ________.

❷ 가 : 지금 도서관에 자리가 있을까요?

나 : 글쎄요. ________ 어서/아서/여서 ________ 을지/ㄹ지 모르겠습니다.

❸ 가 : 중국에 출장 가 있는 동안 어디를 구경하셨어요?

나 : ________ 는 동안 ________.

❹ 가 : 한국은 교통비가 싼 편이지요?

나 : 네, ________ 에 비해서 ________.

❺ 가 : 민수 씨는 키는 아주 큰데 발은 작은 것 같아요.

나 : 네, ________ 에 비해서 ________.

❻ 가 : 주말에는 보통 뭘 하세요?

나 : ________ 거나 ________.

❼ 가 : 그 회사는 월급이 많아서 좋겠습니다.

나 : ________ 습/ㅂ니다만 ________ 어서/아서/여서 ________.

❽ 가 : 이 회사에서 일하려면 꼭 한국어를 배워야 합니까?

나 : 네, ________ 지 않으면 안 돼요.

❾ 가 : 김 선생님 책상 위에는 무엇이 놓여 있습니까?

나 : ________.

❿ 가 : 아침에 교실에 들어 왔을 때 불이 켜져 있었어요?

나 : ________.

4. 아래 문형 중 맞는 것을 골라 쓰십시오.

AVst고 있다
AVst어/아/여 있다

❶ 아기는 지금 옆 방에서 ______자고 있습니다______.(자다)

❷ 교실에 들어가니까 학생들은 모두 의자에 ____________.(앉다)

❸ 청바지를 ____________는,은/ㄴ 사람은 제 동생이에요.(입다)

❹ 쉬는 시간에 학생들은 여기 저기에서 이야기를 ____________.(하다)

❺ 방에 아무도 없는데 불이 ____________.(켜지다)

❻ 우리 언니는 3년 전부터 영국에서 ____________.(살다)

❼ 창문이 꽉 ____________어서/아서/여서 열 수가 없어요.(닫히다)

❽ 고향 친구가 지금 한국에 ____________.(오다)

❾ 지선 씨 가방 안에는 책들이 ____________.(들다)

❿ 냉장고가 ____________.(비다) 먹을 것 좀 사 와야겠어요.

듣기 연습

CD: 06

5. 대화를 듣고 질문에 답하십시오.

1) 우체국에서 할 수 있는 일이 <u>아닌 것</u>을 고르십시오. (   )

❶ 휴대폰 요금 내기 ❷ 보험 들기 ❸ 편지 보내기 ❹ 환전하기

2) 왜 우체국이 더 복잡해졌습니까? 쓰십시오.

____

3) 맞으면 O, 틀리면 X 하십시오.

❶ 택배로 보내는 것이 우체국에 직접 가서 보내는 것보다 비싸다. (   )

❷ 여자는 택배로 물건을 보낸 일이 없다. (   )

❸ 소포를 보내려면 우체국에 가지 않으면 안 된다. (   )

읽기 연습

6. 다음 글을 읽고 질문에 답하십시오.

서울에는 시청, 도서관, 박물관 등등 여러 공공기관이 있습니다. 이 중에서 도서관에 대해서 알아보겠습니다. 도서관은 여러 종류가 있는데, 서대문구에는 서대문 도서관이 있습니다. 서대문 도서관에서는 무료로 책을 빌려 줍니다. 2주일 동안 빌릴 수 있는데, 책을 좀 더 보고 싶으면 일주일 연장할 수 있습니다. 반납기일이 늦어도 연체료는 내지 않지만 늦은 만큼 책을 빌릴 수 없습니다. 그러니까 일주일 늦으면 일주일 동안 책을 빌릴 수 없습니다. 또 도서관에는 여러 가지 프로그램도 있습니다. 아이들에게 영어를 가르쳐 주거나 무료로 영화를 보여 줍니다. 그래서 주말에는 가족이 함께 도서관에 가서 시간을 보내기도 합니다.

1) 이 도서관에서 어떤 것을 합니까? 세 가지를 쓰십시오.

❶ 책을 빌려준다 .

❷ ……………………

❸ ……………………

2) 맞으면 ○, 틀리면 X 하십시오.

❶ 책은 무료로 대출할 수 있다. ( )

❷ 책은 3주일까지 빌릴 수 있다. ( )

❸ 책을 늦게 반납하면 연체료를 내야 한다. ( )

말하기 연습

7. 다음 [보기 1]과 [보기 2]의 단어를 사용해서 대화를 만드십시오.

	[보기 1]	[보기 2]
도서관	열람실, 학생증, 자료	대출하다, 반납하다, 찾다
은행	현금, 수표, 여권, 환율, 통장	환전하다, 만들다, 찾다
우체국	편지, 소포, 저울, 항공편, 배편	부치다, 적다, 올려 놓다
출입국관리사무소	비자, 유효기간, 외국인등록증	연장하다, 만들다

[은행]

손님 : 달러를 좀 바꾸려고 하는데요.

직원 : 얼마나 환전하실 거예요?

손님 : 오백 달러요.

직원 : 여기에 이름과 여권번호를 적으세요.

손님 : 이것만 쓰면 돼요?

직원 : 네, 돈은 현금으로 드릴까요?

손님 : 네, 현금으로 주세요.

[우체국]

손님 : 이 소포를 부치려고 하는데요.

직원 : 여기 올려 놓으세요. 어디로 보내실 겁니까?

손님 : 북경이요.

직원 : 항공편으로 보내실 거예요?

손님 : 네, 항공편으로 해 주세요.

직원 : 여기에 보내시는 분의 주소와 전화번호도 적으세요.

손님 : 이렇게 하면 돼요?

직원 : 네, 만 사천 원입니다.

8. 배운 문법을 사용하여 친구에게 질문하고 대답하십시오.

질문	대답
1) ○○ 씨는 편지 쓰는 것을 좋아해요? (-습니다만)	
2) 지난 번에 부모님한테서 받은 편지는 무엇에 대한 이야기였어요?	
3) 이 소포를 오늘 보내면 크리스마스 때까지 도착할까요? (-을지 모르겠다)	
4) 소포를 보낼 때 보내는 사람 주소를 써야 합니까? (-지 않으면 안되다)	
5) 우체국에 가면 책상에 무엇이 놓여 있습니까?	
6) 우체국에서는 어떤 일을 합니까? (-거나)	
7) ○○ 씨는 우체국에서 순서를 기다리는 동안 무엇을 해요?	
8) 우체국에서 일하는 사람들이 친절해요? (에 비해서)	

쉼터 3 - 재미있는 말놀이

1. 끝말 잇기

[보기]

의자	자주	주문	문방구	구경	경치	치약	약국
수영							
	장소						
		책상					

2. 연상게임

앞의 단어를 보고 생각나는 단어를 쓰십시오.

[보기]

한국말	재미있다	영화	극장	표	예매	인터넷	이메일
여름							
꽃							

제7과 전화

7과 1항

어휘

1. 다음 단어와 같이 쓸 수 <u>없는</u> 것을 고르십시오.

1) .... 전화 (③)

① 국제 ② 시외 ③ 고향 ④ 휴대

2) .... 초대권 (   )

① 영화 ② 결혼식 ③ 음악회 ④ 연극

3) .... 매표소 (   )

① 지하철 ② 극장 ③ 호텔 ④ 박물관

4) 국립 .... (   )

① 도서관 ② 대학교 ③ 공원 ④ 백화점

5) 연극 .... (   )

① 배우 ② 표 ③ 경기 ④ 감상

2. 관계있는 것을 연결하십시오.

① "따르르릉, 따르르릉…" •	• 전화를 잘못 걸다
② "그럼, 또 전화할게요." •	• 통화 중이다
③ "은영아, 전화 받아라. 친구한테서 전화 왔다." •	• 전화가 오다
④ "여보세요. 연세대학교 어학당입니다." •	• 전화를 바꿔 주다
⑤ "뚜, 뚜, 뚜, 뚜…" •	• 전화를 끊다
⑥ "아닌데요, 몇 번에 거셨어요?" •	• 전화를 받다

문법

AVst을래요/ㄹ래요?

3. 다음 그림을 보고 문장을 만드십시오.

❶ 

이거 드실래요 ~~을래요/ㄹ래요~~?

❷ 

.... 을래요/ㄹ래요?

❸ 

.... 을래요/ㄹ래요?

❹ 

.... ?

❺ 

.... ?

❻ 

.... ?

4. '-을래요/ㄹ래요?'를 사용해서 다음 대화를 완성하십시오.

(민수 씨가 약속시간보다 1시간이나 늦게 와서 은영 씨는 화가 많이 났습니다.)

민수 : 정말 미안해. 갑자기 부장님이 회의를 하자고 해서…

은영 : ……

민수 : 내가 맛있는 거 사 줄게. ❶ 뭐 먹을래 ?

은영 : 지금 별로 배 안 고파.

민수 : 그럼, ❷ ________________ ?

은영 : 벌써 두 잔이나 마셨어.

민수 : 그럼, ❸ ________________ ?

은영 : 지금 가면 표가 있겠어?

민수 : 그럼, ❹ ________________ ?

은영 : 시끄러운 곳은 싫어

(민수 씨도 점점 화가 나기 시작했습니다.)

민수 : 그럼, ❺ ________________ ?

은영 : 잘 모르겠어. 말하기 싫어.

민수 : 그럼, ❻ ________________ ?

은영 : 뭐라고?

간접인용[1]

AVst자고 하다

5. 다음 문장을 바꾸십시오.

❶ 민수 : "도서관에 가서 공부합시다."

➔ 민수 씨가 도서관에 가서 공부하자고 합니다 .

❷ 마이클 : "쉬는 시간에도 한국말로 이야기합시다."

➔ ________________

❸ 아야코 : "교실이 좀 더우니까 창문을 엽시다."

➔ ________________

④ 어머니 : "반찬이 없으니까 나가서 먹읍시다."

➔ ....

⑤ 지선 : "길이 막히니까 택시를 타지 맙시다."

➔ ....

⑥ 안드레이 : "비가 올 것 같으니까 나가지 맙시다."

➔ ....

6. 두 사람은 다음 달에 결혼하려고 하는데 생각이 많이 다릅니다. 다음 표를 보고 '–자고 하다'를 사용해서 대화를 완성하십시오.

	남자친구	로라
❶ 집	부모님과 같이	두 사람만
❷ 신혼여행지	제주도	하와이
❸ 결혼반지	금반지	다이아몬드반지
❹ 결혼식장	교회	호텔
❺ 음식	한식	양식
❻ 드레스	빌린다	산다

지선 : 오늘 기분이 왜 그래요?

로라 : 결혼식 문제 때문에 남자친구하고 자꾸 싸워요.

지선 : 무슨 문제인데요?

로라 : ❶ 저는 우리 둘이서만 살자고 하는데 남자친구는 부모님과 같이 살자고 해요. 신혼여행도 ❷ 저는 ....

그것만이 아니에요. ❸ ....

지선 : 참, 어렵군요. 결혼식장은 정했어요?

로라 : 그것도 ❹ ....

❺ 또, ...

지선 : 지금은 좀 힘들겠지만 웨딩드레스 입을 걸 생각해 보세요. 얼마나 행복해요?

로라 : 그것도 문제예요. ❻ ....

지선 : 아이고, 갑자기 저도 결혼하기 싫어지는데요.

7과 2항

어휘

1. 다음 [보기]에서 알맞은 단어를 골라 (   ) 안에 쓰십시오.

[보기]　곧　　확인하다　　밀리다　　지나다　　물어보다

❶ 조금만 더 기다려 봅시다. (　곧　) 올 거예요.

❷ 이 쿠폰은 날짜가 (   )어서/아서/여서 쓸 수 없어요.

❸ 문제를 다 푼 후에 이름을 썼는지 다시 한 번 (   )어/아/여 보세요.

❹ 주말에는 그 동안 (   )는,은/ㄴ 빨래를 해야겠다.

❺ 단어의 뜻을 모르면 친구에게 (   )으세요/세요.

2. 다음 [보기]에서 알맞은 단어를 골라 (   ) 안에 쓰십시오.

[보기]　음성메시지　　문자메시지　　지역번호　　진동　　발신자

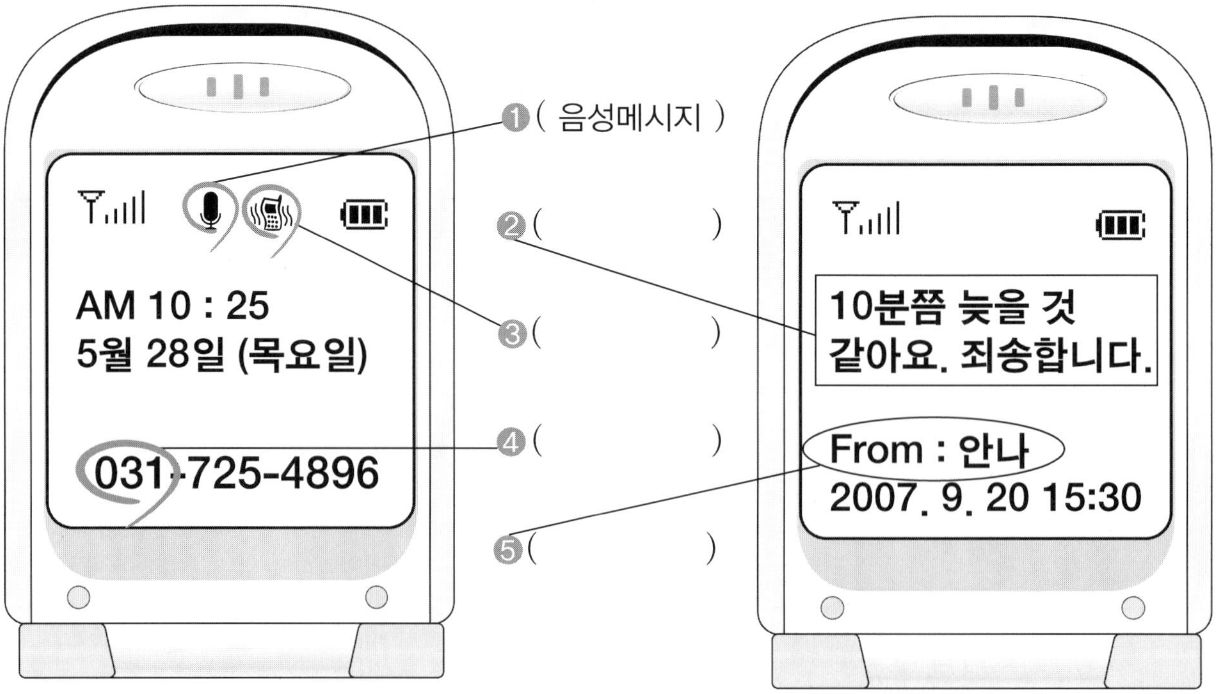

문법

간접인용²

3. 다음 문장을 바꾸십시오.

N이라고/라고 하다

1. 이건 3급 교과서입니다. → 이건 3급 교과서라고 합니다.
2. 여기가 학생회관입니다. →
3. 그 회사에서 만든 게 아닙니다. →
4. 다음 학기부터 기숙사에 살 겁니다. →

DVst다고 하다

5. 시험이 끝나서 한가합니다. → 시험이 끝나서 한가하다고 합니다.
6. 설악산은 가을에 더 아름답습니다. →
7. 이번 주말에는 약속이 없습니다. →
8. 아야코 씨 고향은 별로 춥지 않습니다. →

AVst는다고/ㄴ다고 하다

9. 맥주보다 소주를 더 좋아합니다. → 맥주보다 소주를 더 좋아한다고 합니다.
10. 여름에는 삼계탕을 많이 먹습니다. →
11. 한국 친구 집에서 같이 삽니다. →
12. 그분은 약속을 잘 지키지 않습니다. →

Vst었다고/았다고/였다고 하다, Vst겠다고 하다

13. 어제는 은영 씨 생일이었습니다. → 어제는 은영 씨 생일이었다고 합니다.
14. 민수 씨는 어렸을 때 키가 작았습니다. →
15. 오늘 아침에는 차가 밀리지 않았습니다. →
16. 다음부터는 꼭 일찍 오겠습니다. →

Vst냐고 하다

⑰ 큰 사과는 얼마입니까? ➔ 큰 사과는 얼마냐고 합니다.

⑱ 어느 분이 김 선생님입니까? ➔ ____________________

⑲ 무슨 발음이 제일 어렵습니까? ➔ ____________________

⑳ 빨간 치마를 사는 게 어떻습니까? ➔ ____________________

㉑ 이 음식은 무엇으로 만듭니까? ➔ ____________________

㉒ 한국에 온 지 얼마나 됐습니까? ➔ ____________________

㉓ 언제까지 한국에 살겠습니까? ➔ ____________________

4. 옌리 씨가 로라 씨에게 보낸 문자메시지를 읽고 다음 대화를 완성하십시오.

> 저 옌리예요. 어제 갑자기 고향에서 전화가 왔어요. 할아버지께서 많이 아프신 것 같아요. 고향에 갔다 와야겠어요. 오늘 저녁 비행기로 출발해요. 3일 후에 돌아오니까 시험은 볼 수 있어요. 그런데 시험공부를 못해서 걱정이군요. 선생님께 좀 전해 주세요.

선생님 : 어, 옌리 씨가 학교에 안 왔군요.

로라 : 선생님, 오늘 아침에 옌리 씨한테서 문자를 받았는데요.

어제 갑자기 ❶ 고향에서 전화가 왔다고 해요.

그런데 ❷ ____________________.

그래서 ❸ ____________________.

선생님 : 그래요? 그럼 벌써 고향에 갔어요?

로라 : 아니요, ❹ ____________________.

선생님 : 시험이 얼마 남지 않았는데 어떡하지요?

로라 : ❺ ____________________.

그런데 ❻ ____________________.

선생님 : 옌리 씨는 수업시간에 열심히 했으니까 괜찮겠지요.

Vst어야겠다/아야겠다/여야겠다

5. 관계있는 것을 연결하고 문장을 만드십시오.

❶ 살이 많이 쪘어요. •	• 이사해요.
❷ 눈이 나빠졌어요. •	• 일찍 집에 가요.
❸ 집이 너무 좁아요. •	• 다이어트를 해요.
❹ 자꾸 잊어버려요. •	• 안경을 써요.
❺ 너무 피곤해요. •	• 일요일에도 회사에 가요.
❻ 일이 많이 남았어요. •	• 메모해요.

❶ 살이 많이 쪄서 ~~어서/아서/여서~~ 다이어트를 해야겠어요
~~어야겠어요/아야겠어요/여야겠어요~~.

❷ .... 어서/아서/여서 ....
어야겠어요/아야겠어요/여야겠어요.

❸ .... 어서/아서/여서 ....
어야겠어요/아야겠어요/여야겠어요.

❹ ....

❺ ....

❻ ....

YONSEI KOREAN WORKBOOK 2

6. '-어야겠다/아야겠다/여야겠다' 를 사용해서 다음 대화를 완성하십시오.

❶ 가 : 지금 가셔야 돼요?
나 : 네, 할 일이 많아서 먼저 가야겠습니다.

❷ 가 : 내일 휴일인데 뭐 하실 거예요?
나 : ______________________________.

❸ 가 : 어, 벌써 11시예요? 시간이 참 빠르네요.
나 : ______________________________.

❹ 가 : 버스를 갈아타고 다니는 게 힘들지 않아요?
나 : 네, ______________________________.

❺ 가 : 담배 때문에 목이 아픈 거 아닐까요?
나 : 네, ______________________________.

❻ 가 : 자동차가 또 고장났어요?
나 : 네, ______________________________.

7과 3항

어휘

1. 맞지 않는 것을 고르십시오.

1) 급한 (③)입니까?

❶ 일 ❷ 전화 ❸ 비 ❹ 성격

2) ( )을/를 지켜요.

❶ 약속 ❷ 시간 ❸ 순서 ❹ 숙제

3) 깜빡 ( )었어요/았어요/였어요.

❶ 잠이 들다 ❷ 잊어버리다 ❸ 하다 ❹ 놀라다

4) ( )이/가 생겼어요.

❶ 친구 ❷ 화 ❸ 일 ❹ 돈

5) ( )을/를 사용하세요.

❶ 젓가락 ❷ 세탁기 ❸ 지하철 ❹ 까만색 볼펜

2. 관계있는 단어를 골라서 연결하고 문장을 완성하십시오.

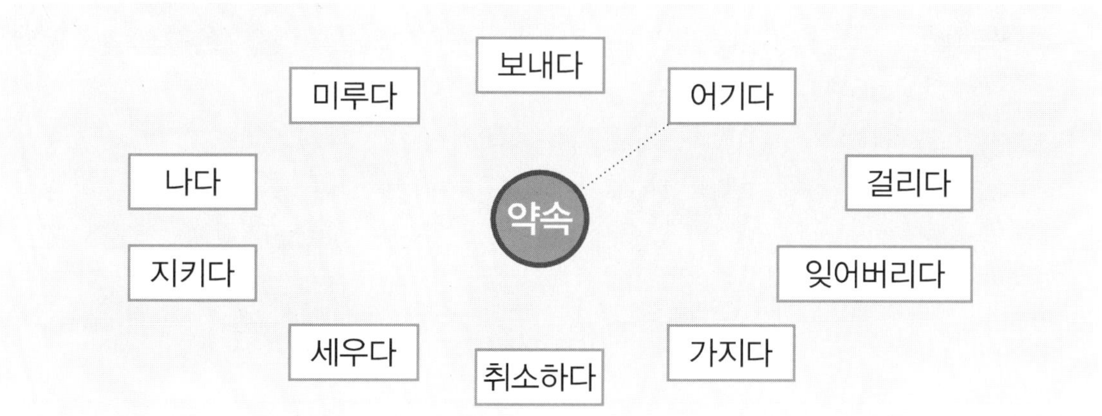

❶ 엄마가 자꾸 약속을 어겨서 ~~어서/아서/여서~~ 이번엔 아빠한테 부탁할 거야.

❷ 요즘 너무 바빠서 .... 을/ㄹ 때가 가끔 있어요.

❸ .... 을/ㄹ 수 없을 때는 꼭 먼저 연락하세요.

❹ 오늘 만날 수 없으면 다음 주로 .... 을까요/ㄹ까요?

❺ 갑자기 .... 으면/면 어떡해요? 다른 일도 있었는데…

문법

간접인용[3]

AVst으라고/라고 하다

3. 다음 문장을 바꾸십시오.

① 수업중이니까 조용히 하십시오. ➔ 수업중이니까 조용히 하라고 합니다.

② 연세대학교 앞에서 내리십시오. ➔ ……………………

③ 바람이 많이 부니까 창문을 닫으십시오. ➔ ……………………

④ 코트를 옷걸이에 거십시오. ➔ ……………………

⑤ 여기에서는 사진을 찍지 마십시오. ➔ ……………………

⑥ 술을 마시고 운전하지 마십시오. ➔ ……………………

4. 수업을 시작하려고 합니다. 선생님이 학생들에게 무슨 말을 할까요?

① 아야코 씨에게 칠판을 지우라고 합니다.

② …………………….

③ …………………….

④ …………………….

⑤ …………………….

⑥ …………………….

AVst게 되다

5. 다음 문장을 완성하십시오.

❶ 그 가게는 손님이 없어요. 그래서 문을 닫 게 되었어요. (문을 닫다)

❷ 시험을 잘 봤어요. 그래서 ______ 게 되었어요. (장학금을 받다)

❸ 연세대학교 사진 동아리에 들어갔어요. 그래서 ______ 게 되었어요. (친구들을 많이 사귀다)

❹ 언어교환을 시작했어요. 그래서 ______.(한국말을 잘 하다)

❺ 친구가 어학당을 소개해 주었어요. 그래서 ______. (여기에서 공부하다)

❻ 한국 드라마와 영화를 좋아해요. 그래서 ______. (한국말을 배우다)

6. 다음을 읽고 '-게 되다'를 사용해서 문장을 완성하십시오.

(민수 씨가 방송국 라디오 프로그램에 보낸 편지입니다.)

안녕하세요. 저는 서울 신촌에 사는 김민수라고 합니다.

저는 대학교를 졸업하고 교수님의 소개로 지금 다니는 회사에 취직했습니다. 거기에서 지금의 여자친구를 만났습니다. 바로 옆 자리에서 같이 일하면서 친해졌지요. 그런데 1년 전쯤에 회사에서 홍콩으로 가라고 해서 여자친구와 잠시 헤어졌습니다. 하지만 우리는 계속 전화와 메신저로 연락을 했고 저는 1년 후에 다시 서울로 돌아왔습니다.

우리는 서로의 부모님께 인사를 드리고 다음 달에 결혼합니다. 더 기쁜 일은 결혼하면 우리 두 사람 모두 뉴욕으로 가서 일합니다. 축하해 주세요!

❶ 대학교 졸업 후에 교수님의 소개로 취직하게 되었습니다.

❷ 여자친구를 ______.

❸ 제가 홍콩으로 가서 ______.

❹ 1년 후에 ______.

❺ 다음 달에 ______.

❻ 결혼하면 ______.

7과 4항

어휘

1. 다음 [보기]에서 알맞은 단어를 골라 (　　　) 안에 쓰십시오.

[보기] 서비스센터　　고장나다　　통화하다　　전하다　　돌아오다

❶ 부모님과 (통화할) ~~을/ㄹ~~ 때 고향생각이 많이 나요.

❷ (　　　　)는,은/ㄴ 자동차 때문에 길이 더 막혔어요.

❸ 수업이 끝나고 집에 (　　　　)으면/면 컴퓨터부터 켭니다.

❹ 민수 씨를 만나면 이 공책 좀 (　　　　)어/아/여 주세요.

❺ 인터넷으로 예약하고 (　　　　)에 가면 기다리지 않아서 좋아요.

2. 다음 [보기]에서 설명에 맞는 단어를 골라 쓰십시오.

[보기] 별표　　우물정자　　통화료　　녹음하다　　누르다

❶ 한자 井의 모양과 비슷해서 이렇게 부릅니다. .... (우물정자)

❷ 전화번호, 비밀번호, 벨, 카메라 셔터 .... (　　　　)

❸ 다시 들을 수 있게 목소리나 음악을 저장합니다. .... (　　　　)

❹ 전화를 사용하고 내는 돈 .... (　　　　)

❺ 중요한 단어나 문법 앞에 이 표시를 하세요. .... (　　　　)

문법

간접인용[4]

3. 다음 문장을 바꾸십시오.

AVst어/아/여 달라고 하다

❶ 수저 좀 주세요. ➔ 수저 좀 달라고 합니다.

❷ 용돈 좀 주세요. ➔

❸ 통화중이니까 잠깐만 기다려 주세요. ➔

❹ 하얀색 모자 좀 보여 주세요. ➔

❺ 다시 한 번 설명해 주세요. ➔

AVst어/아/여 주라고 하다

❻ 우는 아이에게 사탕을 주세요. ➔ 우는 아이에게 사탕을 주라고 합니다.

❼ 선생님께 꽃을 드리세요. ➔

❽ 여자친구에게 향수를 사 주세요. ➔

❾ 아야코 씨에게 시청에 가는 길을 가르쳐 주세요.

➔

❿ 안드레이 씨에게 교과서를 좀 보여 주세요.

➔

4. 다음을 읽고 '-달라고 하다, -주라고 하다'를 사용해서 문장을 만드십시오.

❶ 남은 회의 자료가 있으면 한 장 주세요. 그리고 출장 때문에 참석 못 한 김 민수씨한테도 한 장 주세요.

남은 회의자료가 있으면 한 장 달라고 합니다.

그리고 출장 때문에 참석 못 한 김 민수씨한테도 한 장 주라고 합니다.

❷ 아직 시험이 안 끝났으니까 조용히 해 주세요. 그리고 다 한 사람은 시험지를 담임 선생님께 주세요.

❸ 지난번에 설악산에 가서 찍은 사진 좀 보여 주세요. 그리고 고향에 계신 부모님께도 보내 드리세요.

❹ 옷이 너무 작으니까 새 옷 좀 사 주세요. 그리고 작은 옷은 동생한테 주세요.

❺ 이번 동창회에 몇 명 오는 지 좀 알려 주세요. 그리고 친구들에게 장소를 다시 한 번 설명해 주세요.

❻ 냉장고에 있는 아이스크림 한 개만 줘. 그리고 민수한테도 하나 줘.

AVst는 대로

5. 두 문장을 연결하십시오.

❶ 수업이 끝납니다. / 영화를 보러 갑시다.

➔ 수업이 끝나 는 대로 영화를 보러 갑시다 .

❷ 아버지께서 들어오십니다. / 저녁을 먹읍시다.

➔ ______ 는 대로 ______ .

❸ 초대장을 다 만듭니다. / 저한테 보여 주세요.

➔ ______ 는 대로 ______ .

❹ 책을 다 읽습니다. / 꼭 빌려 주세요.

➔ ______ .

❺ 편지를 받습니다. / 답장을 하겠습니다.

➔ ______ .

❻ 대학교를 졸업합니다. / 취직하겠습니다.

➔ ______ .

6. '-는 대로'를 사용해서 이야기를 완성하십시오.

❶ 오늘 시험을 봤습니다. 그래서 어제는 시험공부 때문에 2시간밖에 자지 못했습니다. 집에 도착하 는 대로 잠을 자겠습니다.

❷ 사랑하는 사람이 있지만 아직 학생이어서 결혼할 수 없습니다.
__________ 는 대로 결혼하겠습니다.

❸ 취직시험을 봤는데 아직 연락이 없습니다. 어머니가 너무 걱정하십니다.
__________ 는 대로 집에 전화해야겠습니다.

❹ 오늘 은영 씨와 첫 데이트를 하는 날입니다. 이제 퇴근시간이 10분 남았습니다. __________.

❺ 요즘 일이 많아서 지난 주에 빌린 DVD를 아직 보지 못했습니다.
__________.

❻ 꼭 갖고 싶은 디지털 카메라가 있는데, 이번에 회사에서 연말 보너스를 준다고 합니다. __________.

7과 5항

어휘와 문법

1. 다음 [보기]에서 알맞은 단어를 골라 (　　) 안에 쓰십시오.

[보기]	초대권	음성메시지	매표소	깜빡	곧
	지나다	밀리다	물어보다	확인하다	통화하다

며칠 전에 같은 반 친구 로라 씨한테서 ❶ (음성메시지)이/가 왔다. ❷ (　　　　)어/아/여 보니까 친구가 연극 ❸ (　　　　)을/를 3장 주었는데 같이 갈 수 있냐는 내용이었다. 그리고 엔리 씨에게도 올 수 있는지 ❹ (　　　　)어/아/여 달라고 했다. 나는 ❺ (　　　　) 로라 씨에게 전화를 걸어서 고맙다고 말하고 토요일에 ❻ (　　　　) 앞에서 만나기로 했다.

그런데 그날 오랜만에 고향친구와 ❼ (　　　　)다가 약속을❽ (　　　　) 잊어버렸다. 서둘러서 집을 나왔지만 주말이어서 차가 많이 ❾ (　　　　)었고/았고/였고 약속시간은 벌써 ❿ (　　　　)어/아/여 있었다. 미안해서 로라 씨에게 뭐라고 말해야 할 지 모르겠다.

2. 순서를 바꿔서 설명에 맞는 단어로 완성하십시오.

❶ 다시 들을 수 있게 목소리나 음악을 저장하다 : 음다녹하 ➔ 녹 음 하 다

❷ 극장이나 박물관 같은 곳에서 표를 파는 곳 : 표소매 ➔ ______ ______ ______

❸ 약속을 지킬 수 없어서 없었던 일로 하다 : 취다하소 ➔ ______ ______ ______ ______

❹ 다른 사람과 전화를 하고 있어서 "뚜뚜" 소리가 나다 : 화중통 ➔ ______ ______ ______

❺ 하고 싶은 이야기를 글로 전화에 남기는 것 : 자시문메지 ➔ ______ ______ ______ ______ ______

❻ 전화를 건 사람 : 신자발 ➔ ______ ______ ______

❼ 가지고 다니면서 걸고 받을 수 있는 전화 : 전휴화대 ➔ ______ ______ ______ ______

❽ 자주 거는 전화번호를 간단한 숫자로 저장해 놓은 것 : 호축번단 ➔ ______ ______ ______ ______

3. 다음 [보기]에서 알맞은 문장을 골라 대화를 완성하십시오.

[보기]	누구시라고 할까요?	몇 번에 거셨습니까?	그런 사람 없는데요.
	잘 안 들려요.	전화 바꿨습니다.	전하실 말씀 있으세요?

❶ 가 : 거기 김 선생님 댁이지요?

나 : 맞는데요. 누구시라고 할까요?

가 : 어학당 학생 안드레이라고 하는데요.

❷ 가 : 김 선생님은 지금 회의 중이세요.

나 : 알겠습니다.

가 : ....

나 : 아닙니다. 다시 전화 드리겠습니다.

❸ 가 : 김 민수 씨 계세요?

나 : 네? ....

가 : 김 민수 씨 댁 아니에요?

❹ 가 : 김민수 씨 좀 바꿔 주세요. (잠시 후)

나 : ....

가 : 민수 씨, 저 지선인데요. 지금 통화 괜찮으세요?

❺ 가 : 거기 연세여행사지요?

나 : 아닌데요. ....

가 : 2123-3468번 아니에요?

❻ 가 : 박지선 씨 계세요?

나 : 네? 여보세요? 크게 말씀하세요. ....

가 : 박지선 씨 좀 부탁합니다.

4. 다음 대화를 읽고 간접인용문으로 바꾸십시오.

안나 : 여보세요? 지선아, 나 안나야.
❶ 토요일에 아야코하고 등산을 가려고 하는데 같이 가지 않겠니?
지선 : 그래, ❷ 좋아. ❸ 어디로 갈 거야?
안나 : ❹ 관악산에 가기로 했어.
지선 : 알았어. 그런데 뭘 준비해야 해?
안나 : ❺ 운동화와 편한 옷만 입고 오면 돼.
그리고 ❻ 간단하게 점심을 준비해 가지고 와.
그럼, ❼ 아침 8시에 신촌 지하철역에서 만나자.
그리고 ❽ 다른 일이 생기면 연락해 줘.

어머니 : 누구 전화니?
지선 : 안나예요.
안나가 ❶ 토요일에 아야코하고 등산을 가려고 하는데 같이 가지 않겠냐고 해요.
어머니 : 그래? 뭐라고 했니?
지선 : ❷ ______________. 그리고 ❸ ______________.
어머니 : 안나가 뭐라고 하니?
지선 : ❹ ______________.
어머니 : 뭘 준비해 가야 하니?
지선 : ❺ ______________.
그리고 ❻ ______________.
어머니 : 아침 일찍 나가야겠구나.
지선 : ❼ ______________.
그리고 ❽ ______________.

5. 다음 대화를 완성하십시오.

① 가 : 민수 씨, 오늘 시간 있으면 같이 저녁 먹을래요 ~~을래요/ㄹ래요~~?
나 : 어떡하지요? 선약이 있는데…

② 가 : 취직하기가 점점 힘들어지는 것 같아요.
나 : 맞아요. ______________ 어야겠어요/아야겠어요/여야겠어요.

③ 가 : 피터 씨를 아시는군요. 어떻게 아세요?
나 : ______________ 게 되었어요.

④ 가 : 아저씨, 이 구두 좀 빨리 고쳐 주세요. 좀 급해요.
나 : 네, ______________ 는 대로 ______________ 을게요/ㄹ게요.

⑤ 가 : 전 아직 할 일이 남았는데 ______________ 을래요/ㄹ래요?
나 : 네, 그럴게요.

듣기 연습

CD: 07

6. 대화를 듣고 질문에 답하십시오.

1) 여자는 왜 전화를 잘못 걸었습니까? (　　　　)

① 전화번호를 잘못 눌러서
② 한국말을 잘 못해서
③ 전화번호를 잘못 알아서
④ 지역번호를 안 눌러서

2) 연세 여행사 전화번호는 몇 번입니까? 쓰십시오.

3) 들은 내용과 같으면 ○, 다르면 X표 하십시오.

① 전화번호 안내에서는 전화번호를 두 번 말해 준다. (　　　　)
② 여자는 제주도에 2박 3일로 갈 계획이다. (　　　　)
③ 여자는 금요일 오전에 출발해서 일요일 오후에 돌아올 것이다. (　　　　)

읽기 연습

7. 다음을 읽고 질문에 답하십시오.

한국에 온 지 6개월이 되었는데 아직 한국말로 전화하기가 어렵다. 얼굴을 보지 않고 듣기만 하니까 그런 것 같다. 얼마 전에 친구 민수가 핸드폰을 받지 않아서 집으로 전화를 걸었는데 민수 어머니께서 전화를 받으셨다. 어머니께서는 ❶ 민수가 집에 없는데 전할 말이 있냐고 하셨다. 나는 급한 일이 생겨서 ❷ 약속 날짜를 미루고 싶어서 전화했다고 했다. 어머니께서는 ❸ 그럼 민수가 들어오는 대로 전화하라고 하겠다고 하셨는데 나는 "네, 알겠습니다. 조금 이따가 다시 전화하겠습니다."라고 대답했다. 어머니께서는 다시 "민수가 언제 들어올 지 잘 모르니까 민수한테 전화하라고 할게."라고 하셨다. 나는 그 때 내가 잘못 알아들었다는 걸 알고 너무 부끄러웠다.

1) 다음 대화를 완성하십시오.

나 : 안녕하세요? 저 마이클인데요. 민수 좀 바꿔 주세요.

민수 어머니 : ❶ ______________________.

나 : 급한 일이 생겨서 ❷ ______________________.

민수 어머니 : ❸ ______________________.

2) 맞으면 ○, 틀리면 X 하십시오.

❶ 민수는 휴대 전화가 없기 때문에 집으로 전화를 했다. (　　)

❷ 민수는 집에 들어오는 대로 마이클에게 전화를 할 것 같다. (　　)

❸ 나는 약속을 다른 날로 바꾸려고 민수에게 전화를 했다. (　　)

❹ 나는 민수 어머니가 전화를 받으셔서 부끄러웠다. (　　)

말하기 연습

8. 여러분은 어떤 말을 많이 듣고 많이 합니까? 또 어떤 말을 듣고 싶습니까?
여러분과 친구들의 대답 중에서 가장 많은 대답 3가지를 말해 보십시오.

1) 남자(여자) 친구에게 듣고 싶은 말 3가지

❶ 제가 이 세상에서 제일 예쁘다는 말을 듣고 싶어요.

❷ ______________________________.

❸ ______________________________.

2) 어렸을 때 부모님한테서 듣기 싫었던 말 3가지

❶ 텔레비전 그만 보고 숙제하라는 말을 듣기 싫었어요.

❷ ______________________________.

❸ ______________________________.

3) 선생님이 학생들에게 많이 하는 말 3가지

❶ ______________________________.

❷ ______________________________.

❸ ______________________________.

4) 한국 사람들이 많이 하는 질문 3가지

❶ ______________________________.

❷ ______________________________.

❸ ______________________________.

9. 배운 문법을 사용하여 친구에게 질문하고 대답하십시오.

질문	대답
1) 한국 친구가 있어요? 그 한국 친구들 어떻게 알게 되었어요?	
2) 보통 그 친구는 .... 씨에게 어디에서 만나자고 해요?	
3) .... 씨가 늦게 가면 뭐라고 해요?	
4) 만나면 보통 뭘 하고 싶다고 해요?	
5) .... 씨가 한국말로 말하면 뭐라고 해요?	
6) 저한테 콘서트 초대권이 있는데 같이 갈래요?	
7) 그 한국 친구도 같이 갈 수 있나요? (-어야겠다)	
8) 그럼 저한테 언제 알려주실 수 있어요? (-는 대로)	

제8과 병원

8과 1항

어휘

1. 다음 [보기]에서 알맞은 단어를 골라 (   ) 안에 쓰십시오.

[보기] 식중독 해물 이틀 진찰 심하다

❶ 제 고향은 바다 근처여서 (해물)으로/로 만든 음식이 많아요.
❷ 농담이 (   )으면/면 기분이 나쁠 수도 있어요.
❸ 택배로 보내면 빠르면 하루, 늦으면 (   )쯤 걸릴 거예요.
❹ 여름에는 음식이 상하기 쉬워요. (   )을/를 조심하세요.
❺ 약만 먹지 말고 병원에 가서 (   )을/를 받아 보세요.

2. 어떻게 될까요? 다음 [보기]에서 알맞은 것을 골라 (   ) 안에 쓰십시오.

[보기] 소화가 안 되다 토하다 속이 쓰리다 배탈이 나다 변비가 생기다

❶ 버스를 오래 타서 어지럽고 속이 이상해요. ➔ (토하다)
❷ 날씨가 더워서 찬 음식을 너무 많이 먹었어요. ➔ (   )
❸ 시간이 없어서 점심을 급하게 먹었어요. ➔ (   )
❹ 어젯밤에 술을 많이 마시고 오늘 아침도 못 먹었어요. ➔ (   )
❺ 채소와 과일을 하나도 먹지 않아요. ➔ (   )

문법

ㅅ동사

3. 틀린 것을 고르십시오.

1) 긋다 : (❸) ❶ 그어서 ❷ 그으니까 ❸ 그겠습니다 ❹ 그으면

2) 낫다 : ( ) ❶ 나습니다 ❷ 나았어요 ❸ 나으면 ❹ 나은

3) 잇다 : ( ) ❶ 이는군요 ❷ 잇기 전에 ❸ 이어서 ❹ 잇습니다

4) 웃다 : ( ) ❶ 웃고 싶다 ❷ 우세요 ❸ 웃으니까 ❹ 웃는

5) 짓다 : ( ) ❶ 짓습니다 ❷ 지었어요 ❸ 짓으면 ❹ 짓는데요

6) 붓다 : ( ) ❶ 부은 후에 ❷ 붓으세요 ❸ 붓고 ❹ 부으면

4. 다음 [보기]에서 알맞은 동사를 골라 문장을 완성하십시오.

[보기] 낫다 짓다 붓다 젓다 벗다 긋다

❶ 더운 나라에서는 나무로 집을 ___짓___고 에스키모는 얼음으로 집을 ___지어요___ ~~어요/아요/여요~~.

❷ 볼펜으로 선을 ______으면/면 지울 수 없으니까 ______기 전에 잘 생각하세요.

❸ 계속 그렇게 일하면 잘 안 ______으니까/니까 빨리 ______고 싶으면 하루쯤 쉬세요.

❹ 우리 고향에서는 신발을 ______지 않고 집에 들어가는데 한국에서는 ______어야/아야/여야 해요.

❺ 아침에 일어나니까 얼굴이 ______었어요/았어요/였어요. 밤에 라면을 먹고 자면 얼굴이 ______는다고/ㄴ다고 해요.

❻ 여기 찻숟가락이 있으니까 포크로 ______지 말로 이것으로 ______으세요/세요.

N에다가

5. 관계있는 단어를 연결하고 문장을 완성하십시오.

빵　　우편번호　　뽀뽀
설렁탕　　편지봉투
버터　　볼　　휴지
케이크　　소금
초　　쓰레기통

❶ 설렁탕 에다가 소금 을/를 넣어서 드세요.
❷ .... 에다가 .... 을/를 꼭 써야 합니다.
❸ .... 에다가 .... 을/를 발라서 먹어요.
❹ .... 에다가 .... 을/를 했어요.
❺ .... 에다가 .... 을/를 꽂았어요.
❻ .... 에다가 .... 을/를 버리세요.

6. 다음 [보기]에서 알맞은 단어를 골라 '에다가'를 사용해서 대화를 완성하십시오.

[보기] 콜라병　손바닥　목　거실　팔　그릇

❶ 가 : 요즘은 MP3가 작아져서 가방 안에 있어도 찾기가 힘든 것 같아요.
나 : 그럼, 목에다가 걸고 다니세요.

❷ 가 : 전화번호를 적을 메모지가 없어요.
나 : 그럼, ...

❸ 가 : 꽃병이 없는데 어디에다가 꽂을까요?
나 : ....

❹ 가 : 엉덩이에 주사를 맞기 싫은데요.
나 : 그럼, ...

❺ 가 : 부엌이 작아서 김치 냉장고를 사도 놓을 자리가 없겠어요.
나 : 그럼, ...

❻ 가 : 너무 많아서 다 못 먹겠는데요.
나 : 그럼, ...

8과 2항

어휘

1. 다음 [보기]에서 알맞은 단어를 골라 ( ) 안에 쓰십시오.

[보기] 증세 몸살 푹 점점 과로하다

❶ 이사 같은 힘든 일을 한 후에는 (몸살)이/가 나기가 쉽습니다.

❷ 시험 때문에 며칠 잠을 못 잤는데 시험이 끝나서 이제 ( ) 잘 수 있겠어요.

❸ 운동을 처음 시작하면 조금 힘들지만 ( ) 좋아질 거예요.

❹ 한국말로 어디가 어떻게 아픈지 ( )을/를 설명하기가 너무 어려워요.

❺ 건강하다고 생각하고 자꾸 ( )으면/면 건강이 나빠질 수도 있어요.

2. 감기 증세입니다. 관계있는 것을 연결하고 조사를 넣어서 쓰십시오.

❶ 열 • • 하다 ➔ ....

❷ 몸 • • 나다 ➔ 열이 나다

❸ 기침 • • 떨리다 ➔ ....

❹ 코 • • 쉬다 ➔ ....

❺ 목 • • 막히다 ➔ ....

YONSEI KOREAN WORKBOOK 2

문법

AVst는, DVst은/ㄴ, AVst 은/ㄴ 데다가

3. 다음 두 문장을 연결하십시오.

❶ 그 가게는 비싸요. / 서비스도 나빠요.

➔ 그 가게는 비싼 ~~는,은/ㄴ~~ 데다가 서비스도 나빠요 .

❷ 출근 시간입니다. / 사고도 났습니다.

➔ ______________ 는,은/ㄴ 데다가 ______________ .

❸ 민수 씨는 성격이 좋아요. / 공부도 잘 해요.

➔ ______________ 는,은/ㄴ 데다가 ______________ .

❹ 그 집 케이크는 맛있어요. / 모양도 예뻐요.

➔ ______________ 는,은/ㄴ 데다가 ______________ .

❺ 한국말을 잘 합니다. / 영어도 잘 합니다.

➔ ______________________________ .

❻ 바람이 불어요. / 비도 와요.

➔ ______________________________ .

❼ 지각을 했어요. / 숙제도 안 가지고 왔어요.

➔ ______________________________ .

❽ 감기에 걸렸어요. / 배탈도 났어요.

➔ ______________________________ .

4. 아래의 3가지 문제에 대해서 두 사람은 생각이 다릅니다.
[보기]에서 알맞은 것을 골라 '-는,은/ㄴ 데다가'를 사용해서 문장을 만드십시오.

[보기]

담배 피우기	시장에서 물건사기	도시에서 살기
스트레스가 풀리다 건강이 나빠지다 돈이 들다 멋있어 보이다	값이 싸다 주차장이 없다 값을 깎을 수 있다 환불하기가 어렵다	공기가 나쁘다 쇼핑하기가 편하다 교통이 복잡하다 병원, 학교가 많다

좋다	나쁘다
❶ 담배를 피우면 멋있어 보이는 데다가 스트레스도 풀려요.	❷ 담배를 피우면 ______________________.
❸ 시장에서 물건을 사면 ______________________.	❹ 시장은 ______________________.
❺ 도시는 ______________________.	❻ 도시는 ______________________.

AVst지 말고

5. 다음 그림을 보고 문장을 만드십시오.

❶ 

영어로 말하 지 말고 한국말로 하세요 ~~으세요/세요~~.

❷ 

.... 지 말고

.... 으세요/세요.

❸ 

.... 지 말고

.... 을까요/ㄹ까요?

❹ 

....

.... 을까요/ㄹ까요?

❺ 

....

.... 으세요/세요.

❻ 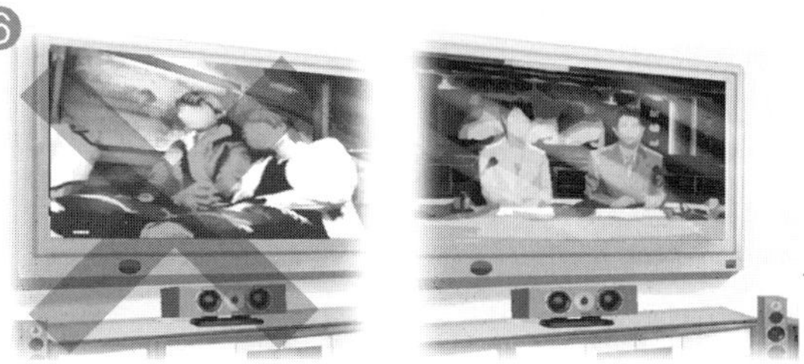

....

.... 읍시다/ㅂ시다.

4. '-지 말고'를 사용해서 다음 대화를 완성하십시오.

지선 : 운동을 시작한 지 한 달이 되었는데 살이 빠지지 않아요.
트레이너 : 어떤 음식을 좋아하시죠?
지선 : 고기 종류는 다 좋아해요. 특히 삼겹살이요.
트레이너 : ❶ 고기를 드시지 말고 채소를 많이 드세요.
그리고, ❷ ______________.
지선 : 물이요? 저는 커피를 안 마시면 아무 일도 못해요.
트레이너 : 그리고, ❸ ______________.
지선 : 우리 회사 사무실은 10층인데 어떻게 걸어서 올라가요? 아침도 굶고 오는데요.
트레이너 : ❹ ______________.
지선 : 저는 굶어야 살이 빠진다고 생각했어요.
트레이너 : 운동은 어떤 운동을 하고 계세요?
지선 : 러닝 머신위에서 1시간 동안 뛰어요.
트레이너 : ❺ ______________.
지선 : 아, 빨리 걷는 게 더 좋군요. 그런데 운동하면 배가 고파져서 또 먹게 돼요. 저는 배가 고프면 잠이 안 와요.
트레이너 : 그럼, ❻ ______________.
지선 : 오늘은 자기 전에 따뜻한 차를 한 잔 마셔야겠군요. 여러 가지로 도와 주셔서 감사합니다.

8과 3항

어휘

1. 다음 [보기]에서 알맞은 단어를 골라 (　　) 안에 쓰십시오.

[보기] 약사　　처방전　　콧물　　종합　　나다

❶ 의사 선생님께서 알레르기 때문에(콧물)이/가 나는 거라고 합니다.

❷ 감기약은 의사의 (　　　　)이/가 없어도 살 수 있어요.

❸ 세브란스 병원은 여러 가지 병을 모두 진찰할 수 있는 (　　　　)병원입니다.

❹ 그런 슬픈 영화를 보면 눈물이 (　　　　)어요/아요/여요.

❺ 제 어렸을 때 꿈은 하얀 가운을 입은 (　　　　)이/가 되는 거였어요.

2. 다음 [보기]에서 알맞은 단어를 골라 (　　) 안에 쓰십시오.

[보기] 영양제　　소화제　　수면제　　소독약　　진통제

❶ 축구를 하다가 넘어졌는데 피가 나요. (소독약) 좀 주세요.

❷ 음식을 너무 급하게 먹은 것 같아요. 속이 답답해서 (　　　　)을/를 먹어야겠어요.

❸ 이번 어머니 생신 선물로 (　　　　)을/를 사 드릴까 해요. 많이 힘들어 하시는 것 같아서요.

❹ 너무 잠이 안 오면 (　　　　)을/를 드세요. 그렇지만 너무 많이, 자주 드시는 것은 좋지 않아요.

❺ 이가 너무 아프면 우선 (　　　　)을/를 좀 드시고 내일 병원에 꼭 가 보세요.

문법

N 을/를 위해서

3. 다음 [보기]에서 알맞은 단어를 골라 문장을 완성하십시오.

[보기] 건강 나라 가족 남편 미래 학생들

❶ 가족 을/를 위해서 열심히 일을 합니다.

❷ ________ 을/를 위해서 담배를 끊었어요.

❸ 군인들은 ________ 을/를 위해서 싸웁니다.

❹ ________ 생일날 아침에 미역국을 끓였어요.

❺ ________ 1층에 컴퓨터실을 만들 계획입니다.

❻ ________ 열심히 돈을 모으고 있습니다.

AVst기 위해서

4. 관계있는 것을 연결하고 문장을 만드십시오.

❶ 좋은 대학에 들어갑니다. •	• 노래방에 갔습니다.
❷ 스트레스를 풉니다. •	• 열심히 운동을 하고 있습니다.
❸ 건강해집니다. •	• 밤늦게까지 공부합니다.
❹ 좋은 자리를 잡습니다. •	• 3시간 전에 왔습니다.
❺ 한국말을 잘 합니다. •	• 여행을 합니다.
❻ 여러 가지 경험을 합니다. •	• 한국친구와 말하기 연습을 합니다.

❶ 좋은 대학에 들어가 기 위해서 밤늦게까지 공부합니다 .

❷ ________ 기 위해서 ________ .

❸ ________ 기 위해서 ________ .

❹ ________ .

❺ ________ .

❻ ________ .

5. '-기 위해서'를 사용해서 다음 대화를 완성하십시오.

❶ 가 : 왜 유학을 가기로 하셨나요?
나 : 좀 더 배우기 위해서 유학을 가기로 했습니다.

❷ 가 : 자동차가 있는데 왜 걸어 다니세요?
나 : ____________________.

❸ 가 : 왜 어려운 뉴스를 듣고 있어요?
나 : ____________________.

❹ 가 : 밤 늦게까지 학교 도서관에 불이 켜져 있군요.
나 : ____________________.

❺ 가 : 피곤한데 아르바이트를 해야 돼요?
나 : 네, ____________________.

❻ 가 : 9시 밖에 안 됐는데 벌써 주무세요?
나 : ____________________.

아무

6. 다음 문장을 완성하십시오.

❶ 아무 때 이나/나 오세요. 예약하지 않아도 돼요. (시간)
❷ 걱정하지 마세요. 30분만 배우면 아무 ______ 이나/나 할 수 있는 일이에요. (사람)
❸ 다 잘 보이니까 아무 ______ 이나/나 앉으세요. (장소)
❹ 저한테는 필요 없는 물건들이니까 아무 ______ 이나/나 가지세요. (물건)
❺ 중요한 모임이 아니니까 아무 ______ 이나/나 입어도 돼요. (옷)
❻ 시간이 없으니까 아무 ______ 이나/나 빨리 먹읍시다. (음식)

7. '아무'를 사용해서 다음 질문에 대답하십시오.

❶ 가 : 아는 노래가 별로 없는데 무슨 노래를 부르지요?
나 : 아무 노래나 부르세요 .

❷ 가 : 드릴 말씀이 있는데 언제 전화하면 돼요?
나 : ________________.

❸ 가 : 어디 가서 차 한 잔 마실까요? 아는 데 있으세요?
나 : 아니요, ________________.

❹ 가 : 저도 그 볼펜 사고 싶은데 어디에서 살 수 있어요?
나 : ________________.

❺ 가 : 국립 도서관에는 어떤 사람들이 들어 갈 수 있어요?
나 : ________________.

❻ 가 : 어떤 자리로 드릴까요?
나 : ________________.

8과 4항

어휘

1. 다음 [보기]에서 알맞은 단어를 골라 (　　　)에 쓰십시오.

[보기] 진료	소화	환자	환절기	이용하다

❶ 천천히 먹어야 (　소화　)이/가 잘 됩니다.

❷ 이 엘리베이터는 직원용입니다.
다른 엘리베이터를 (　　　　)으십시오/십시오.

❸ 휴일에도 (　　　　)을/를 하는 병원이 많았으면 좋겠어요.

❹ (　　　　)에 감기에 걸리는 사람이 많으니까 조심하세요.

❺ (　　　　)들을 위해서 병원에서는 조용히 해야 합니다.

2. 다음 [보기]에서 알맞은 단어를 골라 (　　　) 안에 쓰십시오.

[보기] 치료	건강보험	진단서	입원하다	수술하다

어젯밤부터 열이 많이 나고 머리가 아팠다. 아침에는 배도 아프고 설사까지 해서 병원에 갔는데 의사선생님께서 식중독이니까 며칠 병원에 ❶(입원해서)~~아서/어서/여서~~ ❷(　　　　)을/를 받아야 한다고 하셨다. 그런데 학교를 오래 결석하면 학교에 ❸(　　　　)을/를 내야 하고, 또 나는 ❹(　　　　)이/가 없기 때문에 돈도 많이 들 것 같아서 약만 받아 가지고 집에 돌아왔다. 지금까지는 큰 병이 있어서 ❺(　　　　)어야/아야/여야 하는 사람들만 병원에 입원하는 거라고 생각했었는데… 항상 건강을 조심해야겠다.

문법

얼마나 AVst는지, DVst은지/ㄴ지 모르다

3. 다음 문장을 바꾸십시오.

❶ 그 분이 아주 미인입니다.

➔ 그 분이 얼마나 미인인지 ~~는지,은지/ㄴ지~~ 몰라요.

❷ 우리 사장님은 아주 부자입니다.

➔ .... 는지,은지/ㄴ지 몰라요.

❸ 출퇴근 시간에는 교통이 아주 복잡해요.

➔ .... 는지,은지/ㄴ지 몰라요.

❹ 우리 고향은 겨울에 아주 춥습니다.

➔ .... 는지,은지/ㄴ지 몰라요.

❺ 학교가 우리 집에서 아주 멀어요.

➔ ....

❻ 아야코 씨는 피아노를 아주 잘 쳐요.

➔ ....

❼ 아이가 한 살인데 아주 잘 걸어요.

➔ ....

❽ 로라 씨는 샌드위치를 아주 맛있게 만들어요.

➔ ....

❾ 어젯밤에 눈이 아주 많이 왔어요.

➔ ....

❿ 요즘 물건 값이 아주 많이 올랐습니다.

➔ ....

4. 다음 글을 읽고 '얼마나 -는지,은지/ㄴ지 모르다'를 사용해서 대화를 완성하십시오.

저는 어렸을 때부터 정말 의사가 되고 싶었습니다. 그래서 아주 열심히 공부했습니다. 모두 의사를 부러워하지만 의사는 아주 힘든 직업입니다. 요즘에 아픈 사람들이 아주 많아졌고 의사는 환자들을 위해서 열심히 일해야 하니까요. 하지만 저는 우리 세상에 꼭 필요한 의사가 되어서 아주 기쁩니다.

은영 : 민수 씨는 어렸을 때 꿈이 뭐였어요?

민수 : 저는 어렸을 때부터 ❶ 얼마나 의사가 되고 싶었는지 몰라요 ______.

그래서 ❷ ______.

은영 : 그랬군요. 이제 의사가 됐으니까 아주 편하시겠어요.

민수 : 아니에요. 지금부터 시작이에요.

❸ ______.

은영 : 아니, 왜요?

민수 : 요즘에 아픈 사람들이 ❹ ______.

그래서 의사들은 환자들을 위해서 ❺ ______

______.

은영 : 맞아요. 의사는 우리 세상에 꼭 필요한 직업이에요.

민수 : 그래서 저는 의사가 된 것이 ❻ ______.

AVst나, DVst은가/ㄴ가 보다

5. 다음 문장을 바꾸십시오.

① 민수 씨는 교포입니다.

➔ 민수 씨는 교포인가 ~~나,은가/ㄴ가~~ 봐요.

② 저분은 어학당 학생이 아닙니다.

➔ .... 나,은가/ㄴ가 봐요.

③ 이번 시험이 어렵습니다

➔ .... 나,은가/ㄴ가 봐요.

④ 그 영화가 재미있습니다.

➔ .... 나,은가/ㄴ가 봐요.

⑤ 옌리 씨는 친척집에 살아요.

➔ ....

⑥ 아야코 씨는 날마다 아침을 안 먹습니다.

➔ ....

⑦ 앞에서 교통사고가 났어요.

➔ ....

⑧ 민수 씨가 술을 많이 마셨습니다.

➔ ....

⑨ 선생님은 오늘 모임에 안 오실 거예요.

➔ ....

⑩ 여기에 주차장을 만들 거예요.

➔ ....

6. 다음 그림은 로라 씨와 아야코 씨가 같이 사는 방입니다. '-나,은가/ㄴ가 보다'를 사용해서 문장을 만드십시오.

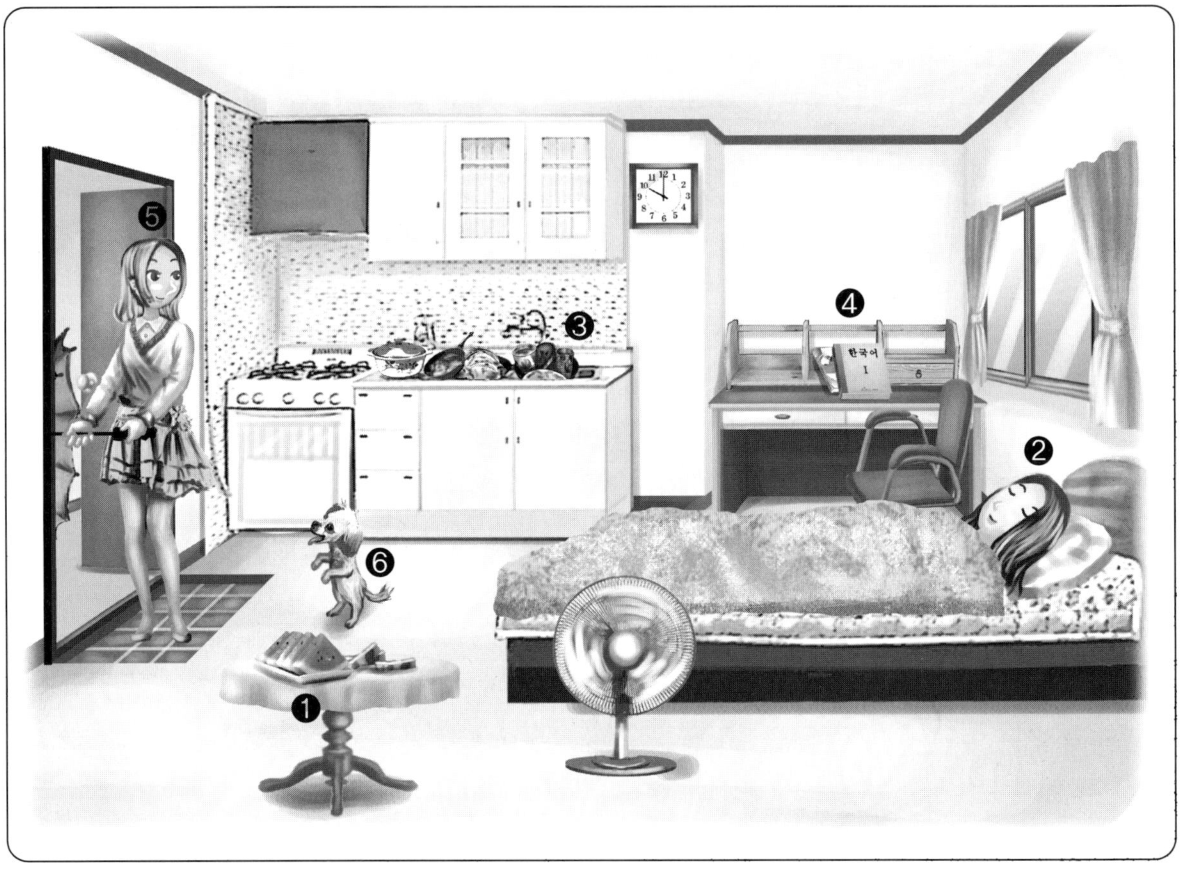

❶ 여름인가 봐요 .

❷ ______________________ .

❸ ______________________ .

❹ ______________________ .

❺ ______________________ .

❻ ______________________ .

8과 5항

어휘와 문법

1. 다음 [보기]에서 알맞은 단어를 골라 (　　　) 안에 쓰십시오.

[보기] 해물　과로　이틀　환절기　환자　종합　점점　푹　심하다　떨리다

❶ 방학 숙제 다 했니? 방학이 (　이틀　)밖에 안 남았는데…
❷ (　　　　)에게는 소화가 잘 되는 죽 같은 음식이 좋아요.
❸ 스트레스가 (　　　　)어서/아서/여서 병원을 찾는 사람들이 많습니다.
❹ 아이들에게는 여러 가지 비타민, 칼슘 등이 들어있는 (　　　　) 영양제가 좋아요.
❺ 겨울이 되면 밤이 (　　　　) 길어집니다.
❻ 떡볶이에 (　　　　)을/를 넣어서 먹으면 참 맛있어요.
❼ 나이가 많으신 분들과 어린 아이들은 (　　　　)에 건강을 더 조심해야 합니다.
❽ 요즘 컴퓨터 게임에 (　　　　) 빠져서 아무 것도 안 해요.
❾ 시험 볼 때 너무 (　　　　)어서/아서/여서 쉬운 질문인데 대답을 못했어요.
❿ (　　　　)으로/로 죽는 사람도 있다고 해요. 쉬면서 하세요.

2. 다음 [보기]에서 관계있는 단어를 골라서 쓰고 문장을 완성하십시오.

[보기] 소독약　수술　영양제　열　퇴원　수면제　연고　배탈

수술 ,	....	하다
....	....	바르다
....	....	나다
....	....	먹다

YONSEI KOREAN WORKBOOK 2

❶ 요즘은 예뻐지려고 수술을 하는 ~~는,은/ㄴ~~ 사람이 많아요.

❷ 여드름이 났을 때 손으로 만지지 말고 ______________ 으세요/세요.

❸ 건강한 사람도 ______________ 는,은/ㄴ 게 좋다고 해요.

❹ 아이가 ______________ 었을/았을/였을 때는 배를 따뜻하게 해 주세요.

❺ 이제 ______________ 어도/아도/여도 되겠습니다. 집에 가셔도 약은 계속 드세요.

❻ 먼저 상처를 깨끗이 물로 닦은 후에 ______________ 으십시오/십시오.

❼ 잠이 안 올 때는 ______________ 는,은/ㄴ 것 보다 따뜻한 차를 마시거나 가벼운 운동을 하는 것이 더 좋습니다.

❽ 해열제는 ______________ 을/ㄹ 때 먹는 약입니다.

3. 다음 대화를 완성하십시오.

❶ 가 : 그 사람이 뭘 좋아하는지 물어볼까요?
나 : 물어 보 지 말고 우리가 결정합시다 .

❷ 가 : 휴대 전화를 잃어버렸어요?
나 : 잃어버린 게 아니고 ______________ 에다가 ______________ .

❸ 가 : 왜 이렇게 늦게 왔어요?
나 : ______________ 는,은/ㄴ 데다가 ______________ .

❹ 가 : '노약자석' 이 뭐예요?
나 : ______________ 을/를 위해서 ______________ .

❺ 가 : 전공도 아닌데 왜 이렇게 영어를 열심히 공부하세요?
나 : ______________ 기 위해서 ______________ .

⑥ 가 : 내일 몇 시쯤 집으로 놀러 갈까요?

나 : 아무 ________________ 이나/나 ________________________________.

⑦ 가 : 장학금을 받게 되어서 좋으시겠어요.

나 : 네, 얼마나 ________________________ 는지,은지/ㄴ지 몰라요.

⑧ 가 : 두 사람이 하루 종일 말을 안 하네요.

나 : ________________________________ 나,은가/ㄴ가 봐요.

4. 맞으면 ○, 틀리면 × 하십시오.

❶ 집을 사기 위해서 돈을 모았습니다. (○)

❷ 시험공부를 하기 때문에 도서관에 갑니다. ( )

❸ 사랑하는 여자와 결혼하기 때문에 한국에 왔습니다. ( )

❹ 친구를 만나기 위해서 부산에 갑니다. ( )

❺ 열심히 공부했기 때문에 시험을 잘 볼 거예요. ( )

❻ 용돈을 벌기 때문에 아르바이트를 시작했습니다. ( )

❼ 살을 빼기 위해서 아침에 운동을 합니다. ( )

❽ 친구가 3시 비행기로 오기 때문에 빨리 공항에 가야 해요. ( )

5. 밑줄친 부분을 바르게 고치십시오.

❶ 이 건물을 다 짓으려면 2년쯤 더 걸릴 거라고 합니다.

지으려면

❷ 다리가 아프니까 저기 벤치에다가 잠깐 앉읍시다.

❸ 이 옷은 편하는 데다가 디자인도 예뻐요.

❹ 민수 씨가 요즘 많이 바쁘나 봐요.

❺ 이번 주말에 아무 영화를 봅시다.

❻ DVD를 사지 않고 가게에서 빌립시다.

❼ 점심을 늦게 먹었는 데다가 과자도 먹어서 저녁을 먹고 싶지 않네요.

❽ 영화가 재미있어서 얼마나 웃은지 몰라요.

듣기 연습

CD: 08

6. 대화를 듣고 질문에 답하십시오.

1) 환자가 하는 일들을 순서대로 번호를 써 보십시오.

❶ 진찰을 받습니다. (　　)

❷ 보험카드를 보여 줍니다. (　　)

❸ 처방전을 받습니다. (　　)

❹ 주사를 맞습니다. (　　)

2) 의사 선생님이 말한 환자의 증상은 어떻습니까?

.... 는,은/ㄴ 데다가 ....

3) 맞으면 ○, 틀리면 X하십시오.

❶ 진료가 끝나면 병원에서 약을 줍니다. (　　)

❷ 병원에 온 적이 있는 사람은 보험카드를 보여 주지 않아도 됩니다. (　　)

❸ 약은 3일 동안 먹어야 합니다. (　　)

읽기 연습

7. 다음 글을 읽고 질문에 대답하십시오.

날씨가 추워지면 우리는 감기 조심하라는 이야기를 많이 하고 많이 듣습니다. 그러면 감기는 겨울에만 걸리는 걸까요? 그럼 아프리카 같은 더운 곳에 사는 사람들은 감기에 안 걸리나요? 아닙니다. 감기는 바이러스 때문에 걸리니까 날씨와는 관계가 없습니다. 몸이 약해지거나 너무 과로해서 피곤하면 우리 몸이 바이러스와 싸울 힘이 없어져서 감기에 걸립니다.

감기에 걸리면 보통 기침을 하고 목이 붓고 코가 막힙니다. 열이 많이 나면 머리가 심하게 아프고 몸이 떨리기도 하지요. 감기에 걸려서 병원에 가면 주사를 맞거나 약을 처방해 주지만 감기에는 특별한 치료방법이 없으니까 감기에 걸리지 않게 조심해야 합니다.

감기에 걸리지 않기 위해서는 운동을 열심히 하고 비타민 C가 많은 과일과 채소를 많이 먹는 것이 좋습니다. 또 외출했다가 돌아오면 꼭 비누로 손, 발을 깨끗하게 씻어야 합니다.

1) 윗 글에서 이야기하지 <u>않은 것</u>은 무엇입니까? (　　　)

❶ 감기에 걸리는 이유

❷ 감기 바이러스의 종류

❸ 감기의 여러 가지 증세

❹ 감기에 걸리지 않는 방법

2) 맞으면 ○, 틀리면 X하십시오.

❶ 감기와 계절은 관계가 별로 없다. (　　　)

❷ 외출하기 전에 손, 발을 씻고 나가는 것이 좋다. (　　　)

❸ 아무나 감기를 치료할 수 있다. (　　　)

3) 이 글에서 말한 감기의 증세는 무엇입니까? (　　　)

❶ 토한다　❷ 속이 쓰리다　❸ 배탈이 난다　❹ 두통이 있다

말하기 연습

8. 적당한 단어를 골라서 [보기]와 같이 대화를 만드십시오.

(1)	(2)	(3)	(4)
머리가 아프다 속이 쓰리다 소화가 안 되다 열이 나다 항상 피곤하다 기침을 하다 잠이 안 오다	수면제 영양제 두통약 감기약 소화제 진통제	하루 세 번 식후 30분 4시간마다 자기 전에 한 번 하루 두 번 아침, 저녁 하루 세 번 식전 1시간	물을 많이 마시다 과로하지 말다 매운 음식을 먹지 말다 말을 많이 하지 말다 일찍 자다 가벼운 운동을 하다 천천히 먹다

[보기]

약사 : 어서 오세요. 어디가 안 좋으세요?

은영 : ❶ 머리가 너무 아파서 아무 것도 못하겠어요.

약사 : 언제부터 아프셨어요?

은영 : 어젯밤부터 그랬는데 점점 심해지는 것 같아요.

약사 : 그럼 ❷ 두통약을 좀 드릴게요. ❸ 하루 세 번 식사 후에 드세요.
그리고 ❹ 가벼운 운동을 해 보세요. 좀 나아질 거예요.

은영 : 알겠습니다. 고맙습니다.

9. 배운 문법을 사용하여 친구에게 질문하고 대답하십시오.

질문	대답
1) 감기에 걸려서 학교에 못 왔다고 들었는데 많이 아프셨어요? (얼마나 -는지 모르다)	
2) 어디가 어떻게 아프셨는데요? (-는 데다가)	
3) 약을 드셨어요? 감기약은 어디에서 살 수 있어요? (아무)	
4) 약사가 약을 지어 주었나요?	
5) 약을 먹으니까 빨리 나은 것 같아요?	
6) 저도 감기에 잘 걸리는데 건강해지기 위해서 어떤 운동을 하면 좋을까요?	
7) 그 운동은 배우기 어렵지 않아요? (아무)	
8) 그런데 운동할 시간이 없는 게 문제예요. (-나 보다)	

쉼터 4 - 숨은 글자 찾기

● [힌트]를 보고 아래 애국가에서 단어를 찾으십시오.

동 해 물 과 백 두 산 이 마 르 고 닳 도 록

하 느 님 이 (보) 우 하 사 우 (리) 나 라 만 세

무 궁 화 삼 천 리 화 려 강 산

대 한 사 람 대 한 으 로 길 이 보 전 하 세

[힌트]

1) 곡식 중의 하나, ○○밥 : (보)(리)
2) 1004 : ○○
3) 물○○, 군○○, 찐○○ : ○○
4) 집을 바꾸다 : ○○
5) 몇 살이에요? : ○○
6) 10원, 50원, 100원, 500원 : ○○
7) 물 근처에 사는 입이 큰 동물 : ○○
8) 비가 올 때 쓴다. : ○○
9) 후지산은 무슨 산입니까? : ○○
10) 길, 고속○○ : ○○
11) 빨간색 과일 : ○○
12) 생선, 오징어, 조개 : ○○○
13) 고려대학교를 짧게 : ○○○
14) 서해에 있는 섬 이름 : ○○○

● 단어를 더 찾아보세요.

[정답] 보리, 천사, 만두, 이사, 나이, 동전, 하마, 우산, 화산, 도로, 사과, 해산물, 고려대, 강화도

YONSEI KOREAN WORKBOOK 2

제9과 여행

9과 1항

어휘

1. 다음 [보기]에서 알맞은 단어를 골라 (   ) 안에 쓰십시오.

[보기] 동해 일출 장면 해외 기억에 남다

❶ 그 영화는 국내보다 (해외)에서 더 유명해요.

❷ 한국생활을 하는 동안 가장 (   )는,은/ㄴ 일 하나만 말씀해 주세요.

❸ (   )은/는 서해보다 더 깊습니다.

❹ 그 영화에서 주인공이 죽는 마지막 (   )이/가 제일 슬펐어요.

❺ (   )을/를 보려면 일찍 일어나야 해요.

2. 관계있는 것을 연결하십시오.

❶ 배낭 여행 •	• 결혼한 후에 부부가 가는 여행
❷ 신혼 여행 •	• 학교에서 같은 학년 친구들이 모두 함께 가는 여행
❸ 국내 여행 •	• 여러 명이 모여서 관광 안내원과 함께 가는 여행
❹ 수학 여행 •	• 돈을 아주 조금만 쓰면서 하는 여행
❺ 단체 관광 •	• 외국으로 가지 않고 자기 나라 안에서 하는 여행

문법

N밖에

3. 다음 문장을 바꾸어 쓰십시오.

❶ 하루에 네 시간만 자요.

➔ 하루에 네 시간 밖에 안 자요.

❷ 그 사람은 소고기만 먹어요.

➔ ______________ 밖에 ______________.

❸ 한국에서는 한국말만 씁니다.

➔ ______________ 밖에 ______________.

❹ 그 사람은 그 노래만 불러요.

➔ ______________________________.

❺ 그 사람은 아들만 있어요.

➔ ______________________________.

❻ 그 사람의 이름만 알아요.

➔ ______________________________.

4. '밖에'를 사용해서 다음 대화를 완성하십시오.

가 : 한국에 산 지 얼마나 되셨어요?

나 : ❶ 두 달밖에 안 되었어요 .

가 : 그런데, 한국말을 아주 잘 하시는군요. 한국 친구가 많은가 봐요.

나 : 아니요, ❷ ________________.

가 : 그럼 한국말을 오래 배우셨나 봐요.

나 : 아니요, ❸ ________________. 그렇지만 할아버지가 한국 사람이에요.

가 : 아, 그래요? 그럼 아버지도 한국말을 잘 하세요?

나 : 아니요, ❹ ________________.

가 : 한국에 친척이 많이 살고 계세요?

나 : 아니요, ❺ ________________.

가 : 그 분을 자주 만나요?

나 : 아니요, ❻ ________________.

Vst었던/았던/였던

5. 다음 문장을 바꾸십시오.

① 친구를 만난 식당입니다. (중간 시험이 끝난 후에)

➔ 중간 시험이 끝난 후에 친구를 만났던 ~~었던/았던/였던~~ 식당입니다.

② 민수 씨가 부른 노래입니다. (지선 씨 생일 파티 때)

➔ .... 었던/았던/였던 ....

③ 어머니가 입으신 웨딩드레스입니다. (30년 전에)

➔ .... 었던/았던/였던 ....

④ 수학여행을 가서 찍은 사진입니다. (고등학교 2학년 때)

➔ ....

⑤ 친구한테 빌려 준 책을 받았어요. (친구가 놀러 왔을 때)

➔ ....

⑥ 제가 가르친 학생들이 생각납니다. (처음 선생님이 되었을 때)

➔ ....

6. 지선 씨는 옛날에 100kg이었는데 다이어트를 해서 60kg이 되었습니다. 다음은 지선 씨의 다이어트 전과 후입니다. '-었던/았던/였던'을 사용해서 문장을 완성하십시오.

[다이어트 전] [다이어트 후]

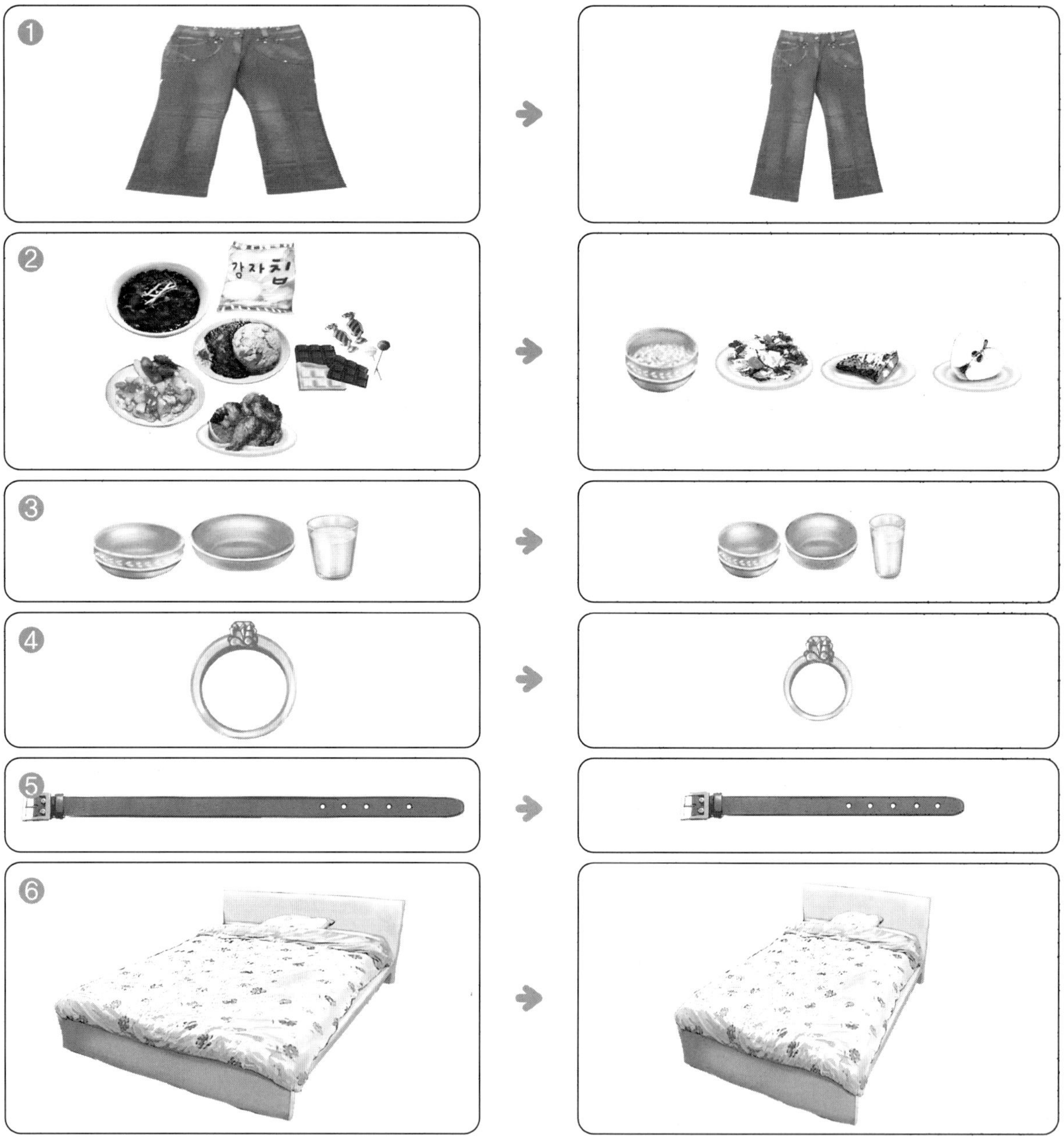

❶ 다이어트 하기 전에 지선 씨가 입었던 바지입니다.

❷ 다이어트 하기 전에 지선 씨가 ……………………

❸ 다이어트 하기 전에 지선 씨가 ……………………

❹ 다이어트 하기 전에 지선 씨가 ……………………

❺ 다이어트 하기 전에 지선 씨가 ……………………

❻ 다이어트 하기 전에 지선 씨가 ……………………

9과 2항

어휘

1. 다음 [보기]에서 알맞은 단어를 골라 (　　　) 안에 쓰십시오.

[보기] 연휴　　수도　　볼거리　　숙박 시설　　역사적

❶ 수학 여행은 (　역사적인　)~~는, 은/ㄴ~~ 도시로 많이 가요.

❷ 한국의 (　　　　)은/는 서울입니다.

❸ 이번 설날 (　　　　)은/는 사흘 밖에 안 돼서 고향에 못 갔어요.

❹ 남대문 시장에 가면 먹을거리도 많고 (　　　　)도 많아요.

❺ 제주도에는 호텔이나 콘도미니엄, 펜션 같은 (　　　　)이/가 많습니다.

2. 다음 [보기]에서 알맞은 단어를 골라 쓰십시오.

[보기] 교통편　　여행 경비　　여행자 보험　　……박 ……일　　여행 안내서

여행지	제주도
❶ 여행 경비	한 사람에 300,000원
여행 기간	❷ 3……… 4………
❸ ………………	대한항공
❹ ………………	가입
자세한 것은 ❺ ………………을/를 보십시오.	

문법

N의

3. 관계있는 것을 연결하고 쓰십시오.

① 자동차 •	• 2층	➔	________ 의 ________
② 영국 •	• 바퀴	➔	자동차 의 바퀴
③ 친구 •	• 가방	➔	________ 의 ________
④ 건물 •	• 여왕	➔	________
⑤ 한국 •	• 셋째 줄	➔	________
⑥ 50페이지 •	• 김치	➔	________

4. 다음 그림을 보고 '의'를 사용해서 쓰십시오.

① 한국의 서울

② ________

③ ________

④ ________

⑤ ________

⑥ ________

Vst 던

5. 다음 그림을 보고 문장을 만드십시오.

지선 씨가 친구 전화를 받고 갑자기 나갔습니다

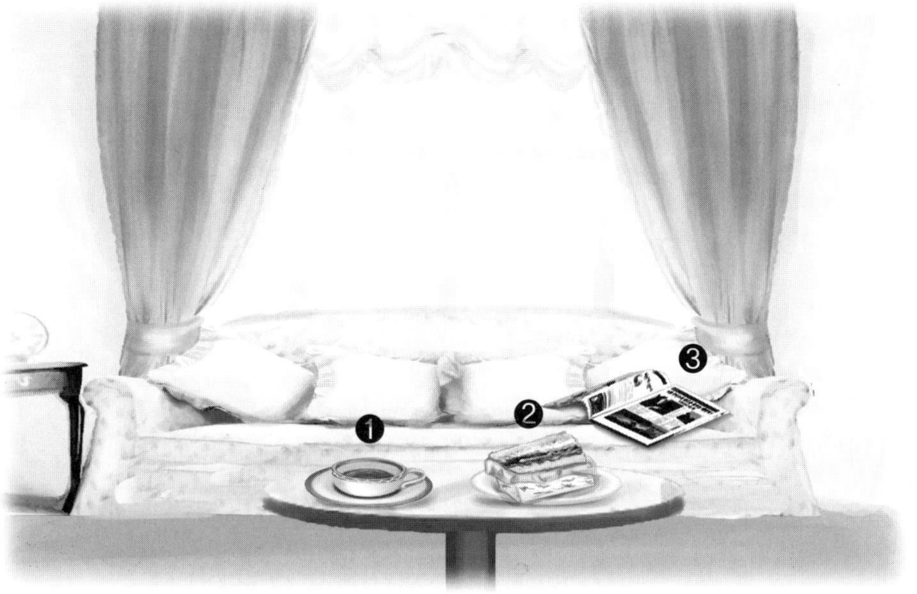

❶ 지선 씨가 마시 던 커피입니다 .

❷ ....

❸ ....

민수 씨가 초등학교 때 반 친구에 대해서 쓴 글입니다

이 친구는 우리 동네에 삽니다.
그래서 ❹ 날마다 학교에 같이 갑니다.
수업이 끝나면 이 친구와 ❺ 같이 운동장에서 축구를 합니다.
이 친구는 수학 공부를 아주 잘 해서 ❻ 시험 때마다 어려운 문제를 가르쳐 줍니다.
저는 이 친구가 정말 좋습니다.

❹ .... 친구입니다.

❺ .... 친구입니다.

❻ .... 친구입니다.

YONSEI KOREAN WORKBOOK 2

6. 다음 문형 중에서 맞는 것을 골라 문장을 완성하십시오.

Vst던
Vst었던/았던/였던

❶ 이건 제가 조금 전에 마시던 커피예요. 저 커피를 드세요. (마시다)
❷ 지난번에 ______ 식당으로 갑시다. (가다)
❸ ______ 일은 끝내고 가야 합니다. (하다)
❹ 그 가게에서 ______ 옷이 바로 이거예요. (사다)
❺ 여기 ______ 책 못 보셨어요? (있다)
❻ 오늘 아침 버스에 같이 ______ 사람이 동생이지요? (타다)
❼ 아침에 학교에 올 때 ______ 곳이 어디예요? (들르다)
❽ 1주일 전에 ______ 편지가 다시 돌아왔어요. (보내다)
❾ 이건 어머니께서 결혼하실 때 ______ 옷이에요. (입다)
❿ 옛날에 ______ 사람을 어제 우연히 길에서 만났어요. (헤어지다)
⓫ ______ 공책을 계속 쓰세요. (쓰다)
⓬ 지난주에 사고가 ______ 장소가 여기지요? (나다)
⓭ ______ 사람과 헤어졌어요. (사귀다)

9과 3항

어휘

1. 다음 [보기]에서 알맞은 단어를 골라 (   ) 안에 쓰십시오.

[보기] 특실　　전망　　성함　　묵다　　원하다

❶ 우리 병원의 (특실)에는 환자 가족을 위한 침대가 따로 있습니다.

❷ 실례지만 (   )이/가 어떻게 되십니까?

❸ 이번 유럽 여행에서는 좋은 호텔에서 (   )었어요/았어요/였어요.

❹ 나는 네가 (   )는,은/ㄴ 것은 뭐든지 해 줄 수 있어.

❺ 이 아파트는 한강도 보이고 (   )이/가 참 좋은데요.

2. 맞는 것을 골라 번호를 쓰십시오.

1) 한 달에 핸드폰 (❶)을/를 얼마나 씁니까?

❶ 요금　　❷ 가격　　❸ 값

2) 영화표를 인터넷으로 산 후에 극장에 가서 (   )을/를 말하면 표를 받을 수 있어요.

❶ 전화번호　　❷ 우편번호　　❸ 예약번호

3) 자동차를 주차장이 아닌 곳을 세울 때에는 (   )을/를 남겨야 합니다.

❶ 메시지　　❷ 연락처　　❸ 주소

4) (   )은/는 무엇으로 하시겠습니까?

❶ 카드　　❷ 현금　　❸ 결제

5) 백화점 카드를 사용하시면 5% (   ) 받으실 수 있습니다.

❶ 할인　　❷ 세일　　❸ 절약

N 만에

3. 다음은 로라 씨의 한 달 생활입니다. '만에'를 사용해서 문장을 쓰십시오.

일	월	화	수	목	금	토
				1 ❶ 남자친구가 내일 일주일 동안 출장 가서 데이트 했다.	2	3
4	5	6	7	8 ① 남자친구를 만났다.	9 ❷ 빨래를 했다.	10
11 ❻ 청소를 했다.	12	13	14 ❺ 고향에 전화했다.	15 ② 밀린 빨래를 했다.	16 ❸ 어제 음식을 잘못 먹어서 배탈이 났다. 하루종일 아무 것도 못 먹었다.	17 ❹ 배가 많이 아파서 병원에 입원했다.
18	19 ③ 배가 많이 좋아졌다. 음식을 먹기 시작했다.	20 ④ 병원에서 집으로 돌아왔다.	21	22	23	24 ⑤ 고향에 전화했다.
25 ⑥ 청소를 했다.	26	27	28	29	30	

① 1주일 만에 남자친구를 만났다.

② ______________ 만에 ______________.

③ ______________ 만에 ______________.

④ ______________________________.

⑤ ______________________________.

⑥ ______________________________.

4. 다음 이야기를 '만에'를 사용해서 바꾸어 쓰십시오.

김지선 씨는 ❶ 1998년에 대학에 입학해서 2001년에 졸업했다. 3년밖에 걸리지 않았다. 대학을 졸업하고 대학원에 가서 ❷ 5년 후에 박사학위를 받았다. 그 후에 회사에 들어갔다. 지선 씨는 회사에서 빨리 승진을 해서, ❸ 회사에 들어간 지 4년 되었을 때 부장이 되었다. 부장이 된 후에 지선 씨는 결혼을 했다. ❹ 결혼하고 3년 후에 아이를 낳았다. 그리고 돈도 열심히 모아서 ❺ 결혼한 지 5년 되었을 때 큰 집을 샀다. 그 후 회사 생활을 잘 하다가, ❻ 회사에 들어간 지 20년 되었을 때 회사를 그만두었다.

김지선 씨는 ❶ 3년 만에 대학을 졸업했다.

대학을 졸업하고 대학원에 가서 ❷ ____________.

그 후에 회사에 들어갔다. 지선 씨는 회사에서 빨리 승진을 해서,

❸ ____________. 부장이 된 후에 지선 씨는 결혼을 했다.

❹ ____________. 그리고 돈도 열심히 모아서

❺ ____________. 그 후 회사생활을 잘 하고,

❻ ____________.

YONSEI KOREAN WORKBOOK 2

N만큼

5. 다음 [보기]에서 알맞은 단어를 골라 (   ) 안에 쓰십시오.

[보기] 어른 여자 아버지 하늘 고기 귤

❶ 아들이 ....아버지.... 만큼 키가 컸어요.

❷ 요즘 채소가 .... 만큼 비싸요.

❸ 그 아이가 .... 만큼 많이 먹어요.

❹ 감자에는 .... 비타민 C가 많아요.

❺ 나는 너를 .... 사랑해.

❻ 그 남자는 .... 피부가 좋아요.

6. 다음 문장을 바꾸십시오.

❶ 마라톤은 아주 힘든 운동이에요.

➔ ....마라톤.... 만큼 ....힘든.... ~~는,은/ㄴ~~ ....운동.... 은/는 없어요.

❷ 양견 씨는 노래를 아주 잘 불러요.

➔ .... 만큼 .... 는,은/ㄴ .... 은/는 없어요.

❸ 이집트는 정말 더워요.

➔ .... 만큼 .... 는,은/ㄴ .... 은/는 없어요.

❹ 마이클 씨는 스파게티를 아주 맛있게 만들어요.

➔ ....

❺ 제주도는 정말 경치가 아름다워요.

➔ ....

❻ 개는 사람과 아주 친해요.

➔ ....

9과 4항

어휘

1. 다음 [보기]에서 알맞은 단어를 골라 (　　　) 안에 쓰십시오.

[보기] 시대	바닷가	로마	빼 놓다	추천하다

① 이탈리아의 수도는 (　로마　)입니다.

② 외국 학생들에게 괜찮은 영화 좀 (　　　　)어/아/여 주세요.

③ 여행 가방을 쌀 때 수영복을 (　　　　)고 안 쌌어요.

④ 돈이 많으면 (　　　　) 근처에 있는 집을 하나 더 사고 싶어요.

⑤ 한글은 조선(　　　　)의 세종대왕이 만들었습니다.

2. 다음 [보기]에서 설명에 맞는 단어를 골라 쓰십시오.

[보기] 호수	폭포	강	해변	온천

① 높은 곳에서 아래로 떨어지는 물 : 폭포

② 흐르지 않고 모여 있는 물 : ....

③ 땅속에서 나오는 따뜻한 물 : ....

④ 바다로 흘러가는 물 : ....

⑤ 바닷가 : ....

문법

Vst더군요

3. 다음 그림을 보고 질문에 대답하십시오.

❶

가 : 백화점에 사람이 많았어요?

나 : 네, 사람이 많더군요.

❷

가 : 어제 본 영화 어땠어요?

나 : ………………………………… 더군요.

❸

가 : 부산에 갈 때 길이 많이 막혔어요?

나 : ………………………………… 더군요.

❹

가 : 집에 가니까 마이클 씨가 무엇을 하고 있었어요?

나 : …………………………………

❺

가 : 민수 씨 집 찾기가 어려웠어요?

나 : …………………………………

❻

가 : 학생들이 어디로 갔어요?

나 : …………………………………

4. 다음 이야기의 밑줄 친 부분을 '-더군요'로 바꿀 수 있으면 바꾸고, 바꿀 수 없으면 X표 하십시오.

오늘은 친구와 같이 설악산에 ❶왔어요. 친구 차로 갔는데 아침 일찍 출발
(X)
해서 길은 별로 ❷막히지 않았어요. 우리는 설악산에 12시쯤 ❸도착했어요.
(막히지 않더군요.) ( )
친구 혼자 운전을 했기 때문에 친구가 좀 ❹피곤해 보였어요. 그래서 등산
( )
은 내일 하기로 ❺했어요. 우선 호텔에다가 가방을 놓은 후에 점심을 ❻먹
( )
었어요. 비빔밥을 먹었는데 여러 가지 채소가 많이 들어 있어서 참 ❼맛있
( ) ( )
었어요. 밥을 먹고 호텔 근처에 있는 큰 온천 수영장에 갔는데 친구가 수영

을 아주 ❽잘 했어요. 우리는 거기서 세 시간 쯤 ❾놀았어요. 수영을 하다가
( ) ( )
추우면 따뜻한 물에 들어가 있으면 되니까 ❿좋았어요.
( )

YONSEI KOREAN WORKBOOK 2

Vst어서/아서/여서 그런지

5. 다음 질문에 답을 고르고 문장을 만드십시오.

❶ 마이클 씨는 왜 시험 점수가 좋을까요?

☑ 머리가 좋기 때문에 ☐ 한국친구가 많기 때문에 ☐ 선생님이 잘 가르치기 때문에

마이클 씨는 머리가 좋아서 ~~어서/아서/여서~~ 그런지 시험 점수가 좋아요 .

❷ 왜 이렇게 길이 막힐까요?

☐ 토요일이기 때문에 ☐ 방학이 끝났기 때문에 ☐ 비가 오기 때문에

.... 어서/아서/여서 그런지 ....

❸ 이 아파트가 왜 다른 아파트보다 비쌀까요?

☐ 전망이 좋기 때문에 ☐ 교통이 편리하기 때문에 ☐ 새 아파트이기 때문에

.... 어서/아서/여서 그런지 ....

❹ 요즘 양견 씨가 왜 그렇게 피곤해 보일까요?

☐ 스트레스가 많기 때문에 ☐ 술을 많이 마시기 때문에 ☐ 일이 많기 때문에

....

❺ 그 식당에는 왜 그렇게 사람이 많을까요?

☐ 음식값이 싸기 때문에 ☐ 학교에서 가깝기 때문에 ☐ 아주머니가 친절하기 때문에

....

❻ 마이클 씨는 왜 여행을 같이 안 갔을까요?

☐ 바쁘기 때문에 ☐ 돈이 없기 때문에 ☐ 몸이 안 좋기 때문에

....

6. 다음 그림을 보고 '-어서/아서/여서 그런지'를 사용해서 대화를 완성하십시오.

❶

이 약을 먹으면 졸립니다.

가 : 왜 자꾸 하품을 해? 졸려?

나 : 감기약을 먹어서 그런지 졸려 .

❷

담배를 많이 피우면 죽습니다.

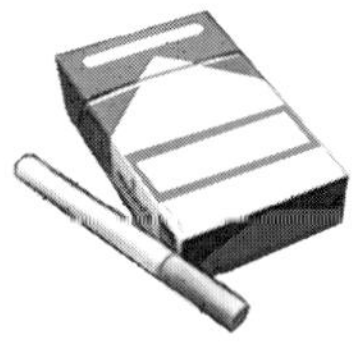

가 : 요즘 몸이 안 좋아지신 것 같아요.

나 : ....

❸

오랫동안 모니터를 보면 눈이 나빠집니다.

가 : 어머, 안경을 끼셨군요. 눈이 나빠졌어요?

나 : ....

❹

100g=600kcal

가 : 너 요즘 살이 좀 찐 것 같아.

나 : ....

❺

많이 마시면 잠을 못 잘 수 있습니다.

가 : 어제 잘 못 주무셨나 봐요. 피곤해 보여요.

나 : ....

❻

비타민 C를 먹으면 피곤이 풀립니다.

가 : 요즘 피부도 좋아지신 것 같고 건강해 보여요.

나 : ....

9과 5항

어휘와 문법

1. 다음 [보기]에서 알맞은 단어를 골라 (   ) 안에 쓰십시오.

[보기]	시대	장면	일출	연휴	수도
	숙박 시설	전망	묵다	기억에 남다	추천하다

❶ 이번 여행에서 (기억에 남는)~~는, 은/ㄴ~~ 일은 바다에서 낚시 한 거예요.

❷ 새해 첫날 (   )을/를 보려고 산에 올라가는 사람이 많아요.

❸ 보통 그 나라에서 제일 큰 도시가 (   )입니다.

❹ 제주도는 한국에서 유명한 관광지이기 때문에 좋은 (   )이/가 많습니다.

❺ 한국에 왔을 때 하숙집이 없어서 호텔에 일주일 동안 (   )었어요/았어요/였어요.

❻ 호텔의 높은 층은 (   )이/가 좋아서 좀 비쌉니다.

❼ 삼국(   )에는 고구려, 백제, 신라 이렇게 세 나라가 있었습니다.

❽ 이번 추석은 화요일이어서 5일 동안 (   )입니다.

❾ 이 드라마에서 가장 멋있었던 (   )을/를 하나 골라 주십시오.

❿ 장학생으로 누구를 (   )겠습니까?

2. 다음 [보기]에서 알맞은 단어를 골라 (   ) 안에 쓰십시오.

[보기]	__박__일	요금	결제	여행 경비	예약 번호	교통편	
	신혼 여행	국내 여행	수학 여행	배낭 여행	온천	해변	폭포

친한 친구와 함께 7월 10일부터 8월 5일까지 ❶(26박 27일) 동안 유럽으로 ❷(   )을/를 갔다가 왔습니다. ❸(   )은/는 기차를 이용했고 잠도 기차에서 많이 잤습니다. 그래서 ❹(   )을/를 많이 쓰지 않았습니다. 유럽 여러 나라를 구경했는데 스페인에서는 바다에도 갔습니다. 수영도 하고 ❺(   )에서 낮잠도 잤습니다.
나중에 결혼하면 ❻(   )으로/로 한 번 더 가 보고 싶습니다.

3. 다음 대화를 완성하십시오.

❶ 가 : 학교에서 집까지 시간이 많이 걸려요?

나 : 20분 밖에 안 걸려요.

❷ 가 : 이거 새로 산 책이에요?

나 : 아니요, ______________ 던 ______________.

❸ 가 : 어제 공부 많이 했어요?

나 : 아니요, ______________ 밖에 ______________.

❹ 가 : 지선 씨를 얼마 만에 만나셨어요?

나 : ______________ 만에 ______________.

❺ 가 : 마이클 씨는 정말 열심히 공부해요.

나 : 네, ______________ 만큼 ______________ 는,은/ㄴ ______________ 도 없어요.

❻ 가 : 지선 씨가 소개해 준 사람 어땠어요?

나 : ______________ 더군요.

❼ 가 : 한국의 대통령은 누구예요?

나 : ______________ 의 ______________.

❽ 가 : 민수 씨, 오늘 왜 그렇게 피곤해 보여요?

나 : ______________ 어서/아서/여서 그런지 ______________.

❾ 가 : 저쪽에 있는 사람을 어디서 본 것 같은데요.

나 : ______________ 었던/았던/였던 ______________.

❿ 가 : 옆 반 학생들이 뭐 하고 있었어요?

나 : ______________ 더군요.

YONSEI KOREAN WORKBOOK 2

4. 맞는 것에 ○ 하십시오.

❶ 한국에 3년 만에 왔어요. (○)
한국에 3년 만에 살았어요. (   )

❷ 아까 왔던 사람이 누구예요? (   )
아까 오던 사람이 누구예요? (   )

❸ 먹었던 밥 다 먹고 놀아라. (   )
먹던 밥 다 먹고 놀아라. (   )

❹ 제가 민수 씨보다 술을 많이 마시더군요. (   )
민수 씨가 저보다 술을 많이 마시더군요. (   )

❺ 교실이 더워서 에어컨을 켰어요. (   )
교실이 더워서 그런지 에어컨을 켰어요. (   )

듣기 연습

CD: 09

5. 이야기를 듣고 어떻게 바뀌었는지 쓰십시오.

버스	색깔이 바뀌었다.
	❶
하숙집	노래방과 PC방으로 바뀌었다.
연세대학교 정문 앞	❷
연세대학교	도서관 옆에 좋은 농구장이 생겼다.
	❸
세브란스 병원	병원이 커졌다.
	❹
어학당	요리 실습실이 생겼다.
	❺

읽기 연습

6. 다음을 읽고 질문에 답하십시오.

> 저는 고등학교 3학년 겨울 방학 때 친구 두 명과 같이 설악산에 갔습니다. 고등학교 3학년 겨울 방학이었으니까 18살 때입니다. 설악산에는 가족들과 간 적도 있고 학교에서 수학 여행으로 간 적도 있었습니다. 그렇지만 친구들하고만 간 것은 처음이었습니다. 그 때는 우리가 버스를 타는 곳, 버스 요금, 등산할 때 걸리는 시간 같은 것을 모두 직접 알아봐야 했습니다. 그리고 올라갈 때 필요한 물건들도 우리가 준비해야 했습니다. ㉠ 이런 것들을 해 본 적이 없었기 때문에 힘들었지만 우리는 어른이 된 것 같았습니다. 18살 때 친구들하고만 그런 여행을 한 것은 저에게 정말 좋은 추억입니다. 그래서 그 여행은 가장 기억에 많이 남는 여행입니다.

1) 이 여행이 왜 기억에 많이 남습니까? (　　　　)

❶ 고등학교 3학년 겨울 방학에 갔기 때문에

❷ 여행을 할 때 어른이 된 것 같았기 때문에

❸ 처음으로 친구들하고만 갔기 때문에

2) '㉠이런 것'은 무엇을 말합니까? 아닌 것을 고르십시오. (　　　　)

❶ 버스 타는 곳, 버스 요금 같은 것을 알아보는 것

❷ 설악산을 등산 하는 것

❸ 등산할 때 필요한 것을 준비하는 것

3) 맞으면 ○, 틀리면 X 하십시오.

❶ 이 사람은 고등학교 3학년 때 설악산에 처음 갔다. (　　　　)

❷ 이 여행에서 등산을 했다. (　　　　)

❸ 설악산으로 수학여행을 가는 학교도 있다. (　　　　)

말하기 연습

7. 다음 단어를 사용해서 여행사 직원과 손님의 대화를 [보기]와 같이 만드십시오.

여행 종류	수학 여행, 배낭 여행, 신혼 여행, 해외 여행, 국내 여행
숙박 시설	호텔, 여관, 콘도, 펜션, 민박
교통편	비행기, 기차, 고속버스, ……
일정	1박 2일, 2박 3일, ……

[보기]

손님 : 수학 여행 에 대해서 좀 여쭤 보려고 하는데요.

직원 : 네, 여행지는 어디로 하고 싶으십니까?

손님 : 어디가 좋을까요?

직원 : 수학 여행지 로는 경주 만큼 좋은 곳이 없습니다.
그런데 언제 가실 겁니까?

손님 : 10월 에 갈 생각입니다.

직원 : 여행은 며칠 동안 하실 겁니까?

손님 : 2 박 3 일 동안 갈 거예요.

직원 : 몇 분이 가십니까?

손님 : 100 명이요. 그런데 숙박은 어디서 하나요?

직원 : 콘도 에 묵습니다.

손님 : 교통편은 무엇을 이용합니까?

직원 : 버스 로 갑니다.

손님 : 여행경비는 얼마나 듭니까?

직원 : 한 사람에 10만 원입니다.

손님 : 네, 알겠습니다. 제가 다시 연락드리겠습니다.

8. 배운 문법을 사용해서 친구에게 질문하고 대답하십시오.

질문	대답
1) ○○씨, 왜 그렇게 피곤해 보여요? (-어서 그런지)	
2) ○○씨는 여행을 자주 하세요? (밖에)	
3) 우리반 학생 중에서 누가 여행을 많이 해요? (만큼)	
4) 지금까지 여행했던 나라 중에서 어느 나라가 제일 좋았어요?	
5) 그 나라의 수도는 어디예요?	
6) 경치는 어땠어요? (-더군요)	
7) 여행 갔다가 얼마 만에 돌아왔어요?	
8) 여행을 할 때 자주 먹던 음식은 뭐예요?	

제10과 집안일

10과 1항

어휘

1. 다음 [보기]에서 알맞은 단어를 골라 (   ) 안에 쓰십시오.

[보기] 원룸 보증금 전세 시설 월세

❶ 집이 먼 직장인들은 회사 근처 (원룸)에 많이 산다고 해요.

❷ 집을 빌릴 때 주인에게 내는 (   )은/는 이사 갈 때 다시 돌려 받을 수 있어요.

❸ 같은 동네에 있어도 (   )이/가 좋으면 하숙비가 비쌉니다.

❹ (   )은/는 매달 돈을 내지 않고 한 번에 냈다가 이사 갈 때 그 돈을 다시 돌려 받는 방법입니다.

❺ 방이나 집을 빌리면 매달 (   )을/를 내야 합니다.

2. 다음 [보기]에서 알맞은 단어를 골라 대화를 완성하십시오.

[보기] 부동산 소개소 소개비 계약 이사하다 구경하다

가 : ❶ (이사할)~~을/ㄹ~~ 집은 구했니?
나 : 응, 어제 한국 친구와 같이 ❷ (   )에 갔는데, 학교 근처에 새로 지은 원룸이 있다고 해서❸ (   )으러/러 갔었어.
가 : 보니까 어때? 마음에 들어?
나 : 응, 깨끗하고 월세도 별로 비싸지 않아서 바로 ❹ (   )을/를 했어.
가 : 잘 됐다.
나 : 그런데 ❺ (   )을/를 얼마나 줘야 할 지 모르겠어.
가 : 집값에 따라서 달라. 인터넷으로 한번 찾아 봐.

문법

접속사

3. 다음 [보기]에서 알맞은 접속사를 골라 두 문장으로 만드십시오.

[보기] 그렇지만 그런데 그래도 그러니까 그래서 그리고

① 요리책을 보고 만들었는데 별로 맛이 없어요.

➔ 요리책을 보고 만들었어요. 그런데 별로 맛이 없어요.

② 날씨가 흐리니까 우산을 가지고 가세요.

➔ 날씨가 흐려요. ________ 우산을 가지고 가세요.

③ 열심히 일을 해도 돈을 모으기가 힘듭니다.

➔ 열심히 일을 합니다. ________ 돈을 모으기가 힘듭니다.

④ 아르바이트를 하기 싫지만 돈 때문에 해야 해요.

➔ 아르바이트를 하기 싫어요. ________ 돈 때문에 해야 해요.

⑤ 지하철역이 가까워서 다른 하숙집보다 조금 비싸요.

➔ 지하철역이 가까워요. ________ 다른 하숙집보다 조금 비싸요.

⑥ 우리 고향은 경치가 아름답고 녹차가 유명합니다.

➔ 우리 고향은 경치가 아름답습니다. ________ 녹차가 유명합니다.

4. 알맞은 접속사를 고르십시오.

① 그 분은 요리하기를 좋아합니다. (그리고, 그래서, 그렇지만) 설거지는 싫어합니다.

② 김 선생님은 잘 가르치십니다. (그리고, 그래도, 그런데) 성격도 좋으십니다.

③ 요즘은 방학이에요. (그래도, 그래서, 그런데) 학교에 학생들이 별로 많지 않아요.

④ 주말에는 교통이 복잡해요. (그리고, 그래서, 그러니까) 좀 일찍 출발합시다.

⑤ 내일 비가 올 것 같아요. (그래도, 그래서, 그리고) 약속을 했으니까 가야 해요.

⑥ 아야코 씨는 이번 시험을 아주 잘 봤어요. (그러니까, 그런데, 그리고) 왜 장학금을 못 받았을까요?

Vst으면/면 Vst을수록/ㄹ수록

5. 주어진 동사를 사용해서 문장을 만들고 대답을 써 보십시오.

❶ 먹다 : 먹으면 ~~으면/면~~ 먹을수록 ~~을수록/ㄹ수록~~ 먹고 싶어지는 것 : 초코 케이크

❷ 보다 : .... 으면/면 .... 을수록/ㄹ수록 갖고 싶은 것 : ....

❸ 듣다 : .... 으면/면 .... 을수록/ㄹ수록 기분 좋아지는 말 : ....

❹ 많다 : .... 좋은 것 : ....

❺ 크다 : .... 좋은 것 : ....

❻ 시간이 가다 : .... 생각나는 사람 : ....

6. 다음은 수수께끼입니다. [보기]의 동사를 사용하여 질문을 만드십시오.

[보기] 시간이 지나다 깎다 치다 닦다 맞다 먹다

❶ 시간이 지나면 ~~으면/면~~ 지날수록 ~~을수록/ㄹ수록~~ 짧아지는 것은?

❷ .... 으면/면 .... 을수록/ㄹ수록 많아지는 것은?

❸ .... 으면/면 .... 을수록/ㄹ수록 길어지는 것은?

❹ .... 더러워지는 것은?

❺ .... 잘 도는 것은?

❻ .... 기분 좋은 것은?

10과 2항

어휘

1. 다음 [보기]에서 알맞은 단어를 골라 (　　) 안에 쓰십시오.

[보기]　포장이사　　거의　　엄살 부리다　　참다　　낫다

❶ 너무 바빠서 (　거의　) 한 달 동안 친구들을 못 만났습니다.

❷ 화장실에 가고 싶었지만 수업시간이 5분밖에 안 남아서 (　　　　　　) 었다/았다/였다.

❸ 외국어를 배우려면 그 나라에 직접 가서 배우는 게 더 (　　　　　　) 어요/아요/여요.

❹ (　　　　　)을/를 하면 조금 비싸지만 정리까지 해 주니까 아주 좋아요.

❺ 등산한 지 10분밖에 안 됐는데 벌써 힘드세요? (　　　　　　)지 말고 빨리 올라갑시다.

2. 다음 단어와 같이 쓸 수 **없는** 것을 고르십시오.

1) (❹) .... 을/를 싸다　❶ 짐　❷ 책가방　❸ 도시락　❹ 편지

2) (　　) .... 을/를 옮기다　❶ 자리　❷ 하숙집　❸ 나라　❹ 짐

3) (　　) .... 을/를 정리하다　❶ 시간　❷ 교통　❸ 짐　❹ 책상

4) (　　) .... 센터　❶ 이삿짐　❷ 서비스　❸ 옷　❹ 스포츠

5) (　　) .... 비용　❶ 여행　❷ 하숙　❸ 결혼　❹ 이사

문법

AVst는, DVst은/ㄴ, AVst 은/ㄴ, Vst 을/ㄹ 줄 알다

3. 여러분 생각과 다릅니다. 다음 문장을 바꾸십시오.

❶ 일본 사람이라고 생각했는데 한국 사람이었어요.

➔ 일본 사람인 ~~는,은/ㄴ,을/ㄹ~~ 줄 알았어요.

❷ 어학당 선생님이 아니라고 생각했는데 어학당 선생님이세요.

➔ ______________ 는,은/ㄴ,을/ㄹ 줄 알았어요.

❸ 한국말 배우기가 어려울 거라고 생각했는데 생각보다 쉬운데요.

➔ ______________ 는,은/ㄴ,을/ㄹ 줄 알았어요.

❹ 학교가 멀다고 생각했는데 이 정도는 걸어서 다녀도 괜찮겠는데요.

➔ ______________ 는,은/ㄴ,을/ㄹ 줄 알았어요.

❺ 그 영화가 재미없다고 생각했는데 보니까 재미있군요.

➔ ______________ 는,은/ㄴ,을/ㄹ 줄 알았어요.

❻ 민수 씨가 술을 잘 마실 거라고 생각했는데 한 잔 마시고 얼굴이 빨개졌어요.

➔ ______________ 는,은/ㄴ,을/ㄹ 줄 알았어요.

❼ 로라 씨가 기숙사에 산다고 생각했는데 아야코 씨하고 같은 하숙집에 살고 있다고 해요.

➔ ______________ 는,은/ㄴ,을/ㄹ 줄 알았어요.

❽ 김 선생님이 결혼하셨다고 생각했는데 다음 주에 결혼하신다고 해요.

➔ ______________ 는,은/ㄴ,을/ㄹ 줄 알았어요.

❾ 수업이 끝났다고 생각하고 교실 문을 열었는데 수업 중이었어요.

➔ ______________ 는,은/ㄴ,을/ㄹ 줄 알았어요.

4. 여러분 반 선생님과 친구들을 처음 봤을 때 어떻게 생각했나요? 그런데 지금은 어떻게 달라요? [보기]에서 적당한 것을 골라 문장을 만드십시오.

[보기]	중국 사람이다	고향에서 한국말을 배웠다	
	말이 없다	남자(여자)친구가 있다	
	무섭다	어학당에 처음 왔다	교포이다
	회사원이다	공부를 열심히 하다	결혼했다

❶ 저는 아야코 씨가 중국 사람인 줄 알았어요.

❷ 저는 선생님이 ____________.

❸ 저는 ________ 씨가 ____________.

❹ 저는 ________ 씨가 ____________.

❺ 저는 ________ 씨가 ____________.

❻ 저는 ________ 씨가 ____________.

N처럼

5. 관계있는 것을 연결하고 다음 문장을 완성하십시오.

❶ 눈 •	• 아름답다	➔ 설악산 경치가 ________ 처럼 ________.
❷ 호랑이 •	• 하얗다	➔ 피부가 눈 처럼 하얘요.
❸ 그림 •	• 예쁘다	➔ 그 아이는 ________ 처럼 ________.
❹ 바다 •	• 맑다	➔ 그 여자 눈은 ________.
❺ 인형 •	• 넓다	➔ 우리 아버지 마음은 ________.
❻ 호수 •	• 무섭다	➔ 우리 반 선생님은 ________.

6. 다음 문장을 완성하십시오.

❶ 베컴처럼 축구를 잘 하는 사람이 부러워요.

❷ ________ 돈이 많았으면 좋겠어요.

❸ ________ 친절하고 재미있는 사람이 좋아요.

❹ 친한 사람처럼 ________.

❺ 모르는 사람처럼 ________.

❻ 화가 난 사람처럼 ________.

10과 3항

어휘

1. 다음 [보기]에서 알맞은 단어를 골라 (   ) 안에 쓰십시오.

[보기] 걸레 룸메이트 상자 재활용 깔끔하다

① 재미있는 (룸메이트) 을/를 만나서 기숙사 생활이 아주 즐거워요.

② 오래 쓴 수건이나 티셔츠는 버리지 말고 (   )으로/로 사용하면 좋아요.

③ 아이들이 빈 병과 캔을 (   )해서 멋진 로봇을 만들었어요.

④ 우리 어머니는 너무 (   )는,은/ㄴ 성격이어서 집안을 항상 깨끗하게 정리하세요.

⑤ 자주 입지 않는 옷은 (   )에 넣어 놓았습니다.

2. 관계있는 것을 연결하십시오.

① 집들이가 끝나고 친구들이 돌아갔어요. •	• 청소기를 돌리다
② 카펫에 먼지가 많아요. •	• 빨래를 하다
③ 친구가 여행가면서 강아지를 저에게 부탁했어요. •	• 설거지를 하다
④ 축구를 하다가 넘어져서 옷이 더러워졌어요. •	• 화분에 물을 주다
⑤ 여행을 갔다 와서 보니까 화분이 말랐어요. •	• 강아지를 돌보다

문법

N 덕분에

3. 다음 [보기]에서 알맞은 것을 골라 문장을 완성하십시오.

[보기] 세종대왕 경찰관 의사 선생님 한 · 일 월드컵 인터넷 한국 친구

❶ 의사 선생님 덕분에 어머니 병이 빨리 나으셨어요.

❷ ______ 덕분에 쉽고 아름다운 한글을 쓰게 됐어요.

❸ ______ 덕분에 한국생활이 외롭지 않습니다.

❹ ______ 잃어버린 아이를 찾았습니다.

❺ ______ 집에 앉아서 쇼핑을 할 수 있습니다.

❻ ______ 두 나라 사이가 더 가까워졌어요.

4. 다음 글을 읽고 '덕분에'를 사용해서 문장을 완성하십시오.

지금까지 살면서 참 많은 사람들의 도움을 받았습니다. 우선, 부모님께 감사드려요. 돈 걱정 없이 공부할 수 있게 도와 주셨으니까요. 교수님께도 감사드려요. 좋은 회사를 소개해 주셔서 제가 일하고 싶었던 회사에 취직할 수 있었습니다. 지금 가장 생각나는 분은 사장님이에요. 제가 한국말을 배우면서 일할 수 있게 한국으로 보내 주신 분이에요.

한국에 와서도 참 좋은 사람들을 많이 만났습니다. 한국에 먼저 와 있던 회사 선배가 좋은 하숙집을 찾아 주었고, 하숙집 아주머니가 음식을 잘 만드시기 때문에 여러 가지 한국음식을 먹어 볼 수 있었습니다. 가장 잊을 수 없는 분은 어학당 선생님이에요. 한국말을 잘 가르쳐 주셔서 제가 이렇게 한국말로 감사의 글을 쓸 수 있게 되었으니까요.

❶ 부모님 덕분에 돈 걱정 없이 공부할 수 있었습니다.

❷ ______ 일하고 싶었던 회사에 취직했습니다.

❸ ______ 한국에 올 수 있었습니다.

❹ ______.

❺ ______.

❻ ______.

AVst 으면서/면서

5. 관계있는 것을 연결하고 문장을 만드십시오.

❶ 텔레비전을 봤어요. •	• 단어를 외워요.
❷ 웃어요. •	• 아르바이트도 해요.
❸ 지하철을 타고 와요. •	• 저녁을 먹었어요.
❹ 어릴 때 사진을 봤어요. •	• 인사하세요.
❺ 학교에 다녀요. •	• 노래를 불러요.
❻ 피아노를 쳐요. •	• 초등학교 때 친구 생각을 했어요.

❶ 텔레비전을 보면서 ~~으면서/면서~~ 저녁을 먹었어요.

❷ ______ 으면서/면서 ______.

❸ ______ 으면서/면서 ______.

❹ ______.

❺ ______.

❻ ______.

YONSEI KOREAN WORKBOOK 2

6. 관계있는 것을 골라서 같이 하면 좋은 일, 같이 하면 안 되는 일을 써 보십시오.

[같이 하면 좋은 일]		[같이 하면 안 되는 일]	
테이프를 듣다	음악을 듣다	수업을 듣다	담배를 피우다
영화를 보다	따라하다	시험을 보다	껌을 씹다
운전하다	팝콘을 먹다	길을 걷다	옆 사람과 이야기하다

[같이 하면 좋은 일]

❶ 영화를 보면서 ~~으면서/면서~~ 팝콘을 먹으면 ~~으면/면~~ 좋아요.

❷ ______________________________.

❸ ______________________________.

[같이 하면 안 되는 일]

❹ ____________ 으면서/면서 ____________ 으면/면 안 돼요.

❺ ______________________________.

❻ ______________________________.

10과 4항

어휘

1. 다음 [보기]에서 알맞은 단어를 골라 (   ) 안에 쓰십시오.

[보기] 얼룩 정장 스카프 빠지다 빼다

① 친구 결혼식이 있어서 (정장)을/를 한 벌 사야겠어요.

② 스트레스 때문인지 요즘 머리카락이 많이 (   )어요/아요/여요.

③ 포도를 먹다가 생긴 (   )은/는 깨끗하게 지우기가 힘들어요.

④ 자주 입던 옷인데 (   )을/를 하니까 분위기가 아주 달라졌어요.

⑤ 굶지 말고 운동으로 살을 (   )는,은/ㄴ 게 좋아요.

2. 다음 [보기]에서 알맞은 단어를 골라 (   ) 안에 쓰십시오.

[보기] 말리다 짜다 널다 다림질하다 세탁하다

①

(   )

②

(   )

③

(널다)

④

(   )

⑤

(   )

문법

AVst어지다/아지다/여지다[2]

3. 다음 문장을 바꾸십시오.

❶ 전화를 끊었어요.

➔ 전화 이/가 끊어졌어요 ~~어졌어요/아졌어요/여졌어요~~.

❷ 컵을 깼어요.

➔ .... 이/가 .... 어졌어요/아졌어요/여졌어요.

❸ 불을 켰어요.

➔ .... 이/가 .... 어졌어요/아졌어요/여졌어요.

❹ 살을 뺐어요.

➔ ....

❺ 감자를 삶았어요.

➔ ....

❻ 글씨를 지웠어요.

➔ ....

4. 둘 중에서 맞는 것을 골라 ○표 하십시오.

스티브 씨는 한국에 온 지 두 달 됐는데, 한국말 공부가 너무 힘들어서 살이 3kg ❶(뺐습니다, 빠졌습니다). 오늘도 도서관에 가서 숙제를 하려고 공책을 ❷(폈습니다, 펴졌습니다).

그런데 숙제를 하다가 글씨를 잘못 ❸(써서, 써져서) 새로 산 지우개로 ❹(지웠는데, 지워졌는데) 잘 ❺(지우지, 지워지지) 않아서 좀 짜증이 났습니다. 그래서 커피 한 잔을 뽑아 가지고 자리로 돌아왔습니다. 그런데 숙제를 하다가 커피 잔을 떨어뜨려서 커피가 모두 ❻(쏟았습니다, 쏟아졌습니다). 기분이 나빠진 스티브 씨는 바닥을 닦은 후에 도서관에서 나왔습니다. 다른 건물의 불들은 모두 ❼(껐고, 꺼졌고) 비도 오고 있었습니다. 가방에서 우산을 꺼냈는데 우산이 ❽(찢은, 찢어진) 데다가 잘 ❾(펴지, 펴지지) 않았습니다. 스티브 씨는 할 수 없이 하숙집까지 뛰어 갔습니다. 참 힘든 하루였습니다.

Vst을/ㄹ 테니까

5. 관계있는 것을 연결하고 문장을 만드십시오.

❶ 값을 깎아 드리겠습니다. •	• 먼저 드세요.
❷ 제가 한잔 사겠습니다. •	• 불고기를 만드는 게 어때요?
❸ 수업이 끝나는 대로 가겠습니다. •	• 다음에 또 오세요.
❹ 그분은 매운 음식을 잘 못 드시겠습니다. •	• 퇴근 후에 만납시다.
❺ 배가 고프시겠습니다. •	• 다른 길로 갑시다.
❻ 그 길은 복잡하겠습니다. •	• 잠깐만 기다려 주십시오.

❶ 값을 깎아 드릴 ~~을/ㄹ~~ 테니까 다음에 또 오세요 .

❷ ______ 을/ㄹ 테니까 ______ .

❸ ______ 을/ㄹ 테니까 ______ .

❹ ______ .

❺ ______ .

❻ ______ .

6. 할 일을 나누고 다음과 같이 대화를 만드십시오.

[영화 보기]

표 예매하기	팝콘하고 콜라 사기

민수 : ❶ 제가 표를 예매할 ~~을/ㄹ~~ 테니까 아야코 씨는 팝콘하고 콜라를 사세요.

아야코 : ❷ 아니에요. 민수 씨는 바쁠 ~~을/ㄹ~~ 테니까 제가 예매를 하겠습니다 .

[소풍 가기]

김밥 만들기	음료수 사오기

로라 : ❶ 제가 .... 을/ㄹ 테니까 ....

지선 : ❷ 아니에요. .... 을/ㄹ 테니까 ....

[동창회 준비하기]

장소 알아보기	친구들에게 연락하기

스티브 : ❶ 제가 .... 을/ㄹ 테니까 ....

피터 : ❷ 아니에요. .... 을/ㄹ 테니까 ....

[청소하기]

쓰레기 버리기	청소기 돌리기

은영 : ❶ 내가 .... 을/ㄹ 테니까 ....

따냐 : ❷ 아니야. .... 을/ㄹ 테니까 ....

10과 5항

어휘와 문법

1. 다음 [보기]에서 알맞은 단어를 골라 (   ) 안에 쓰십시오.

[보기]	전세	보증금	시설	재활용	얼룩
	걸레	상자	참다	깔끔하다	엄살 부리다

❶ 요즘은 청소기에 (걸레   )이/가 붙어 있어서 참 편해요.

❷ 이 (   )은/는 버리지 마세요. 여기에 CD를 정리하면 좋겠어요.

❸ 너무 (   )는,은/ㄴ 친구와 사는 것도 좀 피곤한 일입니다.

❹ (   )이/가 적으면 월세가 그 만큼 비싸집니다.

❺ 쓰던 물건을 버리지 말고 (   )센터에 갖다 주면 좋아요.

❻ 돈을 모아서 집을 살 때까지는 우선 (   )으로/로 살아야 해요.

❼ 별로 아프지 않은 주사예요. (   )지 마세요.

❽ 지하철 안에서 큰 소리로 전화하는 사람들을 보면 화가 나서 (   )을/ㄹ 수가 없어요.

❾ (   )이/가 생겼을 때는 바로 빼야 더 잘 지워집니다.

❿ 새로 지은 원룸이어서 여러 가지 (   )이/가 잘 되어 있습니다.

YONSEI KOREAN WORKBOOK 2

2. 다음 설명에 맞는 단어를 찾아 ○표 하고 쓰십시오.

정	빨	설	거	지	청	계	동
리	장	돌	부	래	소	개	비
하	리	(옷	걸	이)	기	약	산
다	아	말	옮	사	다	리	차
재	싸	리	림	비	화	분	터
돌	보	다	질	용	탁	표	드

❶ 옷을 걸 수 있게 만든 것 : 옷걸이

❷ 청소하는 기계 : ....

❸ 어린 아이나 힘없는 노인들을 도와줍니다. : ....

❹ 집을 소개받고 계약이 되면 소개하는 사람에게 주는 돈 : ....

❺ 높은 곳으로 짐을 옮길 때 사용하는 차 : ....

❻ 집을 옮길 때 드는 여러 가지 돈 : ....

❼ 방이나 책상의 물건들을 깨끗하게 자기 자리에 놓습니다. : ....

❽ 식사한 후에 그릇을 깨끗하게 씻습니다. : ....

❾ 세탁한 옷의 물이 없어지게 합니다. : ....

❿ 꽃이나 나무를 기를 수 있는 그릇 : ....

3. 다음 대화를 완성하십시오.

❶ 가 : 어제 수업이 끝난 후에 어디에 갔었어요?
나 : 도서관에 갔었어요. 그런데 빈자리가 없어서 그냥 나왔어요.

❷ 가 : 그 DVD를 또 봤어요? 벌써 몇 번째예요?
나 : 그 영화는 ________ 으면/면 ________ 을/ㄹ 수록 ________.

❸ 가 : 언제쯤 저도 ________ 처럼 한국말을 잘 할 수 있을까요?
나 : 걱정하지 마세요. 지금처럼 열심히 하면 돼요.

❹ 가 : 민수 씨가 회사를 그만두었다고 해요.
나 : 그래요? ________ 는,은/ㄴ,을/ㄹ 줄 알았어요.

❺ 가 : 이번 주말에 박물관에 갈까요?
나 : ________ 을/ㄹ 테니까 내일 수업이 끝나고 갑시다.

❻ 가 : 지선 씨는 어떤 시간이 가장 행복하세요?
나 : 저는 ________ 으면서/면서 ________ 을/ㄹ 때가 제일 행복해요.

❼ 가 : 감사합니다. ________ 덕분에 한국말을 잘 배웠어요.
나 : 저도 여러분들 덕분에 수업이 너무 재미있었습니다.

❽ 가 : 어떻게 오셨습니까?
나 : 이 접시 좀 바꿔주세요. 집에 와서 보니까 조금 ________
어졌어요/아졌어요/여졌어요.

❾ 가 : 언제쯤 올 거야?
나 : ________ 을/ㄹ 테니까 조금만 기다려 줘.

❿ 가 : 죄송합니다. 제가 많이 늦었죠?
나 : 어머, 김 선생님! 저는 ________ 는,은/ㄴ,을/ㄹ 줄 알았어요.

4. 다음 글을 읽고 틀린 것을 찾아 고치십시오.

1) (❷ → 그런데)

한국에 오기 전에는 한국말 배우기가 ❶ 쉬운 줄 알았다. ❷ 그러니까 ❸ 배우면 배울수록 어려워진다. 나도 빨리 ❹ 선생님처럼 한국말을 잘 했으면 좋겠다.

2) (→)

❶ 공부하면서 아르바이트를 하니까 힘이 들어서 그런지 한국에 와서 ❷ 살이 많이 빠졌다. 어제는 내 걱정을 많이 하는 한국친구가 ❸ 맛있는 걸 사 줄 테니까 만나자고 했다. ❹ 그 친구 덕분에 오랜만에 좋은 시간을 보냈다.

3) (→)

아야코 씨는 ❶ 천사처럼 착하고 예쁘다. 민수 씨는 그런 ❷ 아야코 씨를 보면서 항상 웃는다. 그래서 나는 민수 씨가 아야코 씨를 ❸ 좋아할 줄 알았다. ❹ 그런데 민수 씨는 여자친구가 있었고 다음 달에 결혼한다고 한다. 민수 씨는 왜 그랬을까?

4) (→)

내일은 한국 친구와 등산을 가기로 한 날이다. 그런데 친구가 ❶ 내일 비가 올 테니까 다음 주에 가자고 한다. ❷ 날씨 덕분에 약속이 취소되어서 ❸ 생각하면 할수록 기분이 안 좋다. 내일은 집에서 ❹ 쉬면서 책이나 읽어야겠다.

듣기 연습

CD: 10

5. 다음을 듣고 질문에 답하십시오.

1) 이 광고에서 말한 부동산 소개소에 직접 가서 집을 구할 때 불편한 점이 아닌 것은 무엇입니까? ( )

❶ 소개비가 비싸다.

❷ 시간이 걸린다.

❸ 주인을 만나기 힘들다.

❹ 다리가 아프다.

2) 마음에 드는 집을 구하려고 할 때 알아야 하는 것은 무엇입니까? 쓰십시오.

찾는 동네 이름, ❶ ________, 크기, ❷ ________

3) 맞으면 ○, 틀리면 X하십시오.

❶ 계약을 한 사람에게는 이사비용을 싸게 해 준다. ( )

❷ 이 광고는 이삿짐센터 광고이다. ( )

❸ 이제는 직접 다니지 않아도 집을 구할 수 있다. ( )

읽기 연습

6. 다음 글을 읽고 질문에 대답하십시오.

저는 서울로 유학을 오면서 처음으로 혼자 살게 되었습니다. 처음에는 혼자 사니까 마음이 편하고 집안일도 재미있었어요. 그런데 시간이 가면 갈수록 집안일이 귀찮아지고 혼자 있으니까 심심할 때가 많았습니다. 그리고 돈도 생각보다 많이 들더군요. 그래서 친구와 같이 살기로 했습니다.

우리는 이렇게 집안일을 나눴습니다. 빨래는 일주일에 두 번, 수요일과 토요일에 하는데 내가 수요일, 그 친구가 토요일에 하기로 했습니다. 식사는 저녁만 집에서 먹는데 음식을 만든 사람이 설거지까지 하기로 했어요. 그래야 다른 사람은 편하게 쉴 수 있고 자기 일을 할 시간이 생기니까요. 월요일, 수요일, 금요일은 친구가, 화요일, 목요일, 일요일은 제가 해요. 왜 토요일은 없냐고요? 보통 토요일에는 약속이 있어서 밖에서 먹을 때가 많으니까요. 청소는 어떻게 할까 생각했는데 우리 둘 다 성격이 깔끔하니까 따로 정할 필요가 없을 것 같았어요. 화장실 청소만 일주일에 한 번 자기가 편한 시간에 돌아가면서 하기로 했습니다. 처음에는 서로 불편한 게 있겠지만 점점 익숙해지겠지요.

1) 친구와 같이 살게 된 이유가 아닌 것은 무엇입니까? (　　　)

❶ 심심하다. ❷ 월세가 많이 올랐다. ❸ 집안일이 귀찮다. ❹ 돈이 많이 든다.

2) 두 사람은 어떻게 집안일을 나누었습니까? 요일을 써 보십시오

	나	친구
빨래	❶	❷
요리	❸	❹
설거지	❺	❻

3) 맞으면 ○, 틀리면 X하십시오.

❶ 나는 하숙을 하다가 친구와 같이 살게 되었다. (　　　)

❷ 화장실 청소는 주말에 같이 하기로 했다. (　　　)

❸ 우리는 모두 깨끗하고 잘 정리되어 있는 것을 좋아한다. (　　　)

말하기 연습

7. 다음 광고를 보고 [보기]와 같이 친구와 이야기해 보십시오.

	원룸(8평)	하숙집	원룸(12평)
❶	보증금 1,000만 원 월세 45만 원	하숙비 월 40만 원 (아침, 저녁 식사 드림)	보증금 2,000만 원 월세 55만 원
❷	화장실, 샤워시설 있음	화장실, 샤워시설 같이 사용	화장실, 샤워시설 있음
❸	침대, 책상, 텔레비전	침대, 책상	침대, 책상, 텔레비전, 냉장고
❹	마을버스 정류장 걸어서 5분	연세대학교 동문 옆	지하철역 걸어서 10분
❺	인터넷 사용할 수 있음	인터넷 사용 월 2만 원	인터넷 사용할 수 있음

[보기]

아야코 : 안녕하세요? 광고를 보고 집을 보러 왔어요.

주인 : 어서 오세요. 천천히 구경하세요.

아야코 : ❷ 화장실은 저 혼자 사용할 수 있나요?

주인 : 그럼요. 샤워도 아무 때나 할 수 있어요.

아야코 : ❸ 가구나 전자제품은 어떤 게 있어요?

주인 : 침대, 책상, 텔레비전이 있어요.

아야코 : ❹ 교통은 어때요? 저는 연세대학교 학생인데요.

주인 : 5분쯤 걸어가면 마을버스 정류장이 있으니까 거기에서 버스를 타면 돼요.

아야코 : ❶ 월세는 한 달에 얼마예요?

주인 : 보증금 1,000만 원에 월세 45만 원입니다.

아야코 : ❺ 인터넷을 사용하면 돈을 따로 내야 하나요?

주인 : 아니에요. 얼마든지 써도 돼요.

아야코 : 마음에 들어요. 언제 들어올 수 있어요?

주인 : 빠르면 빠를수록 좋아요. 그럼 계약을 할까요?

8. 배운 문법을 사용하여 친구에게 질문하고 대답하십시오.

질문	대답
1) 한국에 와서 집을 빨리 구하셨어요? (-덕분에)	
2) 저는 지금 사는 하숙집이 교통이 불편해서 이사하고 싶어요. (-을 테니까)	
3) 왜 집마다 집세가 달라요? (-으면 -을수록)	
4) ....씨는 어떤 집에서 살고 싶어요? (-처럼)	
5) 그런 집에 살게 되면 꼭 구경시켜 주세요. (-을 테니까)	
6) 그런데 ....씨는 집안일을 잘 해요? 시간이 지나면 지날수록 하기 싫은 집안일이 뭐예요?	
7) 맞아요. 생각보다 힘들지요? (-는 줄 알다)	
8) 그 일을 재미있게 할 수 있는 방법이 없을까요? (-으면서)	

복습 문제 (6과 - 10과)

I. 다음 [보기]에서 알맞은 단어를 골라 (   ) 안에 쓰십시오.

[보기] 선약 성함 전망 이틀 장면 볼거리 웬일
처럼 만큼 의 덕분에 벌써 깜빡 점점 푹

1. 한국에 온 지 (   ) 6개월이 지났습니다.
2. (   )이/가 있어서 이번 모임에 참석할 수 없을 것 같아요.
3. 사진기를 가지고 와야 하는 걸 (   ) 잊어버렸어요.
4. 민수 씨, 오랜만이에요. (   )이에요/예요?
5. 어머니께서 선물을 받으시고 아이(   ) 좋아하셨어요.
6. 여기에 (   )과/와 전화번호를 쓰시고 잠깐만 앉아서 기다리십시오.
7. 빨리 나으려면 잠을 (   ) 주무셔야 합니다.
8. 그 영화에서 가장 기억에 남는 (   )이/가 뭐예요?
9. 호주(   ) 수도는 시드니가 아닙니다.
10. 동아리 선배님 (   ) 학교생활에 빨리 익숙해졌어요.
11. 시험이 (   )밖에 안 남았으니까 열심히 공부해라.
12. 부모님(   ) 아이를 사랑하는 사람은 이 세상에 없을 거예요.
13. 이번 생일에 친구와 같이 (   )이/가 좋은 레스토랑에서 식사를 했어요.
14. 4월이 되니까 날씨가 (   ) 따뜻해집니다.
15. 시장에 가면 (   )이/가 많아서 백화점보다 시장에 자주 갑니다.

Ⅱ. 알맞은 단어를 고르십시오.

1. 일이 많이 ....어서/아서/여서 오늘 일찍 퇴근할 수 없을 것 같아요.
   ❶ 막히다 ❷ 밀리다 ❸ 미루다 ❹ 말리다

2. 급한 일이 생겨서 약속을 ....어야겠어요/아야겠어요/여야겠어요.
   ❶ 연장하다 ❷ 취소하다 ❸ 참다 ❹ 전하다

3. 블라우스에 얼룩이 생겨서 세탁소에 ....었어요/았어요/였어요.
   ❶ 맡기다 ❷ 처리하다 ❸ 계약하다 ❹ 빼다

4. 다음 학기가 언제 시작하는지 사무실에 가서 ....으세요/세요.
   ❶ 들르다 ❷ 신청하다 ❸ 돌보다 ❹ 알아보다

5. 학교가 너무 멀어서 하숙집을 ....으려고/려고 합니다.
   ❶ 싸다 ❷ 옮기다 ❸ 묵다 ❹ 구입하다

Ⅲ. 어울리지 <u>않는 말</u>을 고르십시오.

1. 찾다 (　　　) ❶ 자료를 찾다 ❷ 돈을 찾다 ❸ 약속을 찾다 ❹ 하숙집을 찾다

2. 예약하다 (　　　) ❶ 식당을 예약하다 ❷ 영화표를 예약하다 ❸ 호텔을 예약하다 ❹ 결혼식장을 예약하다

3. 심하다 (　　　) ❶ 날씨가 심하다 ❷ 감기가 심하다 ❸ 얼룩이 심하다 ❹ 변비가 심하다

4. 떨어지다 (　　　) ❶ 환율이 떨어지다 ❷ 열이 떨어지다 ❸ 잎이 떨어지다 ❹ 환전이 떨어지다

5. 뽑다 (　　　) ❶ 번호표를 뽑다 ❷ 모자를 뽑다 ❸ 이를 뽑다 ❹ 커피를 뽑다

Ⅳ. 관계있는 단어를 연결하십시오.

1. 사다리차, 소개비, 포장 •		• 여행
2. 배낭, 신혼, 수학 •		• 휴대 전화
3. 입국, 출국, 여권 •		• 이사
4. 우물정자, 진동, 요금 •		• 병원
5. 수술, 입원, 보험 •		• 공항

Ⅴ. [보기]의 문형을 <u>한 번만</u> 사용하여 두 문장을 연결하십시오.

[보기] –거나 / –어서/아서/여서 그런지 / –으면/면 –을수록/ㄹ수록 / –는 동안 / –는, 은/ㄴ 데다가 / –으면서/면서 / –지 말고 / –습니다만/ㅂ니다만 / –을/ㄹ 테니까 / –는 대로

1. 연습을 많이 합니다. / 발음이 좋아집니다.

2. 샤워를 합니다. / 노래를 부릅니다.

3. 친구가 설거지를 해요. / 저는 과일과 차를 준비해요.

4. 올 때까지 기다려요. / 천천히 오세요.

5. 여러 번 메일을 보냈습니다. / 답장이 오지 않습니다.

6. 밥이 없으면 라면을 끓여 먹습니다. / 자장면을 시켜 먹습니다.

7. 지선 씨가 몸이 안 좋아요. / 하루 종일 말을 안 해요.

8. 메시지를 확인해요. / 저한테 전화해 주세요.

9. 늦게까지 공부합니다. / 일찍 자라.

10. 눈이 나빠요. / 뒷자리여서 잘 안 보여요.

Ⅵ. 두 문장 중에서 맞는 것에 ○표 하십시오.

1. 한국말을 잘 해졌습니다. ( )
   한국말을 잘 하게 되었습니다. ( )

2. 추운데 창문이 열려 있어서 닫았어요. ( )
   추운데 창문이 열고 있어서 닫았어요. ( )

3. 돈을 벌기 때문에 아르바이트를 합니다. ( )
   돈을 벌기 위해서 아르바이트를 합니다. ( )

4. 어제 가던 그 식당에 가자. ( )
   어제 갔던 그 식당에 가자. ( )

5. 3년 만에 고향에 갔습니다. ( )
   3년 동안 고향에 갔습니다. ( )

Ⅶ. 밑줄 친 곳을 고치십시오.

1. 하루에 5시간밖에 <u>자는데요</u>.

2. 중요한 회의입니다. <u>그래서</u> 늦게 오지 마세요.

3. 세일이어서 그런지 백화점에 사람이 <u>많았더군요</u>.

4. 눈이 많이 <u>왔는 데다가</u> 교통사고도 나서 길이 많이 막혀요.

5. 그 약을 바르니까 빨리 <u>낫았어요</u>.

6. 아이가 계속 울어요. 어디 아프나 봐요.

7. 과일값이 얼마나 많이 오른지 몰라요.

8. 하숙집 음식이 입에 맞지 않아서 살이 빴어요.

9. 앉고 싶은 자리에다가 앉아도 괜찮아요.

10. 말을 많이 하지 않고 물을 많이 드세요.

Ⅷ. 다음 문장을 간접인용문으로 바꾸십시오.

1. 여기가 2급 교실입니다. ➔ ....
2. 내일부터 연휴입니다. ➔ ....
3. 이건 한국음식이 아닙니다. ➔ ....
4. 지하철을 타는 게 더 빠릅니다. ➔ ....
5. 이 식당은 비빔냉면이 맛있습니다. ➔ ....
6. 로라씨는 채소를 많이 먹습니다. ➔ ....
7. 작년에도 날씨가 아주 더웠습니다. ➔ ....
8. 민수 씨가 청소를 도와주겠습니다. ➔ ....
9. 가방을 여기 놓으십시오. ➔ ....
10. 약속 시간에 늦지 마십시오. ➔ ....
11. 동전 좀 빌려 주십시오. ➔ ....
12. 아이에게 책을 읽어 주십시오. ➔ ....
13. 요즘 어떻게 지내세요? ➔ ....
14. 어제 왜 모임에 안 왔어요? ➔ ....
15. 늦었으니까 택시를 타고 갑시다. ➔ ....

Ⅸ. 다음 대화를 완성하십시오.

1. 가 : 민수 씨는 저하고 같은 반 친구예요.

   나 : 그래요? ______________ 는,은/ㄴ,을/ㄹ 줄 알았어요.

2. 가 : 고향에 가서 어머니가 만들어 주신 음식을 많이 먹었어요?

   나 : 그럼요. 얼마나 ______________ 는지,은지/ㄴ지 몰라요.

3. 가 : 내일 시험 때문에 걱정이 돼서 잠이 안 와.

   나 : ______________ 을/ㄹ 테니까 ______________.

4. 가 : 선생님이 지난 시간에 무슨 말씀을 하셨어요?

   나 : ______________ 에 대해서 ______________.

5. 가 : 이번 모임에 사람들이 많이 올까요?

   나 : 글쎄요. ______________ 을지/ㄹ지 모르겠습니다.

6. 가 : 남대문 시장 물건이 어때요?

   나 : ______________ 에 비해서 ______________.

7. 가 : 언제까지 필요한 서류를 내야 하나요?

   나 : ______________ 지 않으면 안 됩니다.

8. 가 : 왜 이렇게 밖이 시끄럽지요?

   나 : ______________ 나,은가/ㄴ가 봐요.

9. 가 : 이번 주말에 어디에서 만날까요?

   나 : ______________ 던 ______________.

10. 가 : 언제 만나서 파티계획을 세울까?

    나 : 아무 ______________ 이나/나 ______________.

11. 가 : 학생들이 복도에 모여서 뭐 하고 있었어요?

나 : ______________ 더군요.

12. 가 : 신촌이 하숙비가 좀 비싼 것 같아요.

나 : ______________ 어서/아서/여서 그런지 ______________.

13. 가 : ______________ 을래요/ㄹ래요?

나 : 네, 좋아요.

14. 가 : 시험이 얼마 안 남았어요.

나 : 그래요. ______________ 어야겠어요/아야겠어요/여야겠어요.

15. 가 : 왜 이렇게 사람들이 줄을 길게 서 있어요?

나 : ______________ 기 위해서 ______________.

십자말 풀이 2

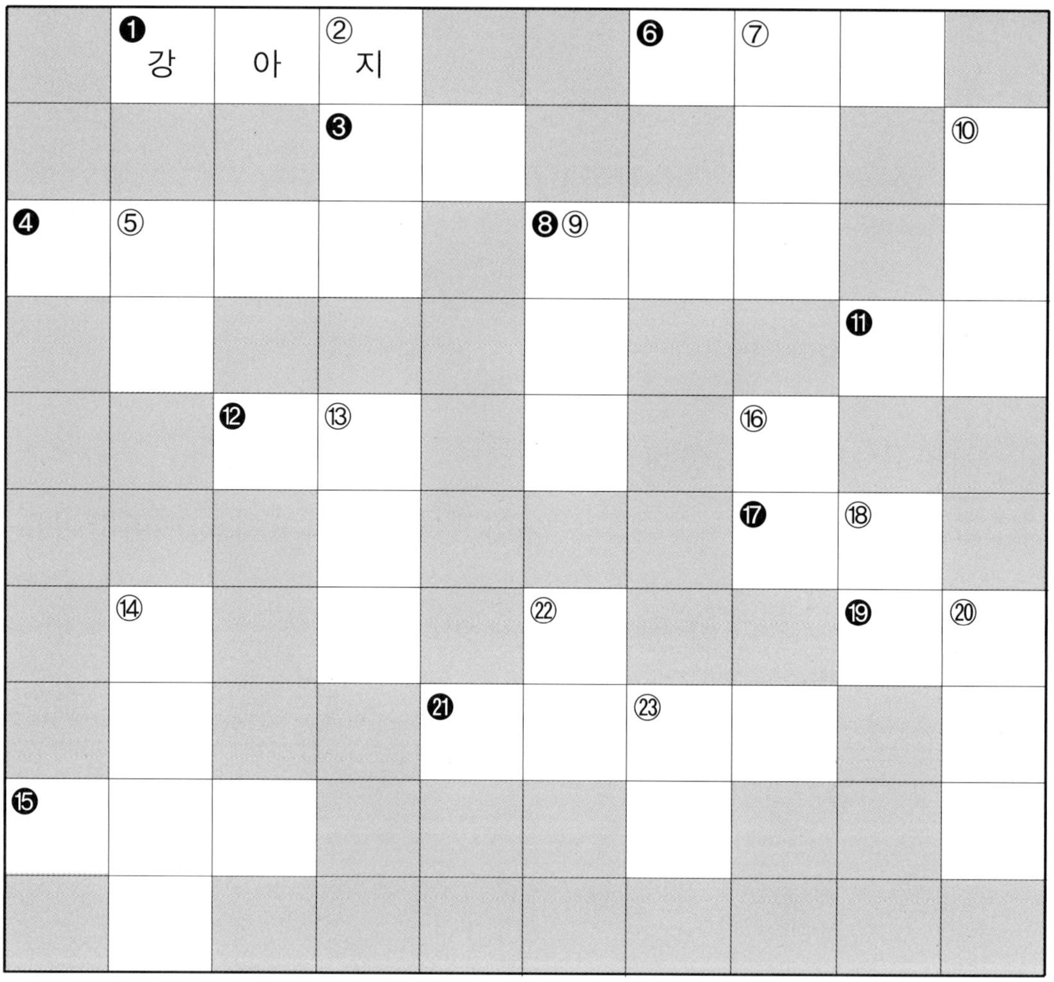

[가로 열쇠]

❶ 작은 개
❸ 열이 ○○, 화가 ○○, 사고가 ○○
❹ 식당이나 비행기 표를 먼저 약속하여 정하다
❻ 아픔을 느끼지 않게 도와주는 약
❽ 요금을 내야 하는 날짜가 지났을 때 내는 돈
⓫ 집, 방같은 장소를 깨끗하게 하다
⓬ 사람들이 이용할 수 있게 만든 것
에어컨 ○○, 샤워 ○○, 주차 ○○
⓯ 약속을 지키지 않다
⓱ 바닷가
⓳ 사람이나 물건이 들어 있지 않다
㉑ 건물 밖에서 들고 다니면서 통화할 수 있는 전화

[세로 열쇠]

② 시간이 흘러 가다
약속시간이 30분
⑤ 약을 파는 가게
⑦ 전화를 사용한 만큼 내는 돈
⑨ 전화번호, 주소, 이메일 등
⑩ 표를 파는 곳
⑬ 식사한 후에 그릇을 깨끗하게 씻다
⑭ 여권, 비자, 신용카드 등을 사용할 수 있는 날짜
⑯ 대한민국의 동쪽 바다
⑱ 화장실에 자주 가지 못하거나 시간이 많이 걸리는 증세
⑳ 다리미로 옷을 깔끔하게 펴는 일
㉒ 역사를 나누어 놓은 것. 신라 ○○, 조선 ○○
㉓ 멀리 있는 경치가 보이는 것

쉼터 5 - 주제별 단어 찾기

빈 칸에 들어갈 수 있는 단어를 모두 써 보십시오.

	음식	동물	스포츠	과일	동작동사	상태동사	?
ㄱ	김밥						
ㄴ							
ㄷ							
ㄹ							
ㅁ							
ㅂ							
ㅅ/ㅆ				사과			
ㅇ							
ㅈ							
ㅊ/ㅉ							
ㅋ/ㄲ							
ㅌ/ㄸ							
ㅍ/ㅃ						빠르다	
ㅎ		하마					
합계							

부록

- 듣기 지문
- 정답

듣기 지문

6과 5항

여자 요즘 우체국에서는 여러 가지 다른 일도 많이 하는 것 같아요.

남자 네, 맞아요. 보험도 들 수 있고 전화요금 같은 것도 낼 수 있어요. 은행하고 비슷한 일을 해요.

여자 그래서 더 복잡해지고 오래 기다려야 하는 것 같아요.

남자 그렇지만 택배 서비스도 하니까 편하지 않아요?

여자 택배가 뭐예요?

남자 우체국 직원이 집으로 소포를 가지러 와서 그 소포를 내가 보내고 싶은 곳으로 배달해 주는 거예요.

여자 우체국에 가지 않아도 되니까 진짜 편하겠군요. 그런데 택배로 보내는 것이 우체국에 가서 소포를 보내는 것보다 비싸요?

남자 아니요, 비슷해요.

7과 5항

여자 여보세요. 거기 연세여행사지요?

남자 네? 아닌데요. 몇 번에 거셨어요?

여자 324-6732번 아니에요?

남자 번호는 맞는데 여기는 여행사가 아니에요.

여자 죄송합니다.

여자 연세여행사가 몇 번이에요?

안내원 연세여행사 말씀이십니까? 네, 안내해 드리겠습니다. 문의하신 번호는 지역번호 02의 323국의 6732번입니다. 지역번호 02의 삼백이십삼국의 육천칠백삼십이 번입니다.

남자 연세여행사입니다. 뭘 도와 드릴까요?

여자 제주도 여행을 가려고 하는데요. 다음 주 금요일 오전에 출발하는 비행기 표가 있을까요?

남자 금요일 오전 표는 예약이 끝났고 오후 1시 20분 비행기가 제일 빠른 표입니다.

여자 그래요? 할 수 없지요. 그럼 그 시간으로 2장 부탁합니다.

남자 돌아오실 표는요?

여자 일요일 저녁 비행기로 예약해 주세요.

남자 네, 알겠습니다.

8과 5항

간호사 저희 병원에 처음 오셨나요?

환자 네.

간호사 그럼, 보험카드 좀 보여 주세요.

환자 여기 있습니다.

간호사 잠깐만 앉아서 기다리시다가 성함을 부르면 진료실로 들어가세요.

의사 어디가 아프십니까?

환자 머리도 아프고 목도 아파요.

의사 어디 봅시다. 열이 많고 목도 많이 부었군요. 주사를 한 대 맞으시고 이틀 동안 약을 드세요. 그리고 따뜻한 물을 많이 드세요.

환자 네, 알겠습니다.

간호사 이쪽으로 오세요. 진료비는 3,000원입니다. 이 처방전을 가지고 옆 건물 1층에 있는 약국으로 가세요.

9과 5항

20년 만에 한국에 오니까 바뀐 것이 너무 많더군요. 우선 서울의 버스가 달라졌습니다. 색깔도 달라졌고 번호도 모두 바뀌었습니다. 신촌도 제가 살았던 20년 전과는 아주 다르더군요. 제가 살던 하숙집은 노래방과 PC방으로 바뀌었습니다. 연세대학교 정문 앞에 있던 기찻길도 없어졌습니다. 연세대학교도 바뀌었습니다. 도서관 근처에 좋은 농구장도 생겼고, 새로운 건물도 많아졌습니다. 세브란스 병원도 커졌습니다. 세브란스 병원에는 식당도 많이 생겨서 친구들과 점심을 먹으러 병원으로 가도 괜찮을 것 같습니다. 그리고 어학당도 바뀌었습니다. 옛날에는 요리 실습실이 없었는데 생겼습니다. 그리고 3층에 있던 남자 화장실이 없어졌습니다. 5년 쯤 후에 다시 오면 또 여러 가지가 달라져 있을 것 같습니다.

10과 5항

남자 마음에 드는 집 찾기가 쉽지 않으시죠?

여자 네, 여기저기 부동산 소개소를 찾아 다녀야 하니까 다리도 아프고, 시간도 걸리고, 소개비~와! 이렇게 비싼 줄 몰랐어요.

남자 이제 여러분의 컴퓨터 앞에서 마음에 드는 집을 골라 보세요. www.ihouse.com 마음에 드는 집이 없으시다고요? 그럼, 찾으시는 동네, 방 수, 크기, 원하는 가격만 올려 주세요. 빠른 시간 안에 찾아 드리겠습니다. 참, 계약을 하신 분들께 이삿짐센터 20% 할인 쿠폰을 드립니다. www.ihouse.com

정 답

제6과 공공기관

6과 1항

1. ❷종교 ❸자료❹아마 ❺알아보기
2. ❷열람실 ❸대출할 ❹반납해야 ❺연체료
3. ❷한국요리 ❸요가 ❹고궁에 대한 책입니다. ❺그림에 대한 책입니다. ❻맛있는 식당에 대한 책입니다.
4. ❷축구에 대해서 알고 싶습니다. ❸하는 일에 대해서 알고 싶습니다. ❹여행 날짜에 대해서 이야기 했어요. ❺취미에 대해서 알고 싶어요. ❻가족의 사랑에 대한 영화예요.
5. ❷주말이어서 표가 있을지 모르겠습니다. ❸ 차가 밀려서 제시간에 도착할지 모르겠습니다. ❹일이 많아서 오늘 다 끝낼 수 있을지 모르겠습니다. ❺회사일이 바빠서 도와줄 수 있을지 모르겠습니다. ❻다음 주에 시험이 있어서 등산을 갈 수 있을지 모르겠습니다.
6. ❷이해할 수 있을지 모르겠습니다. ❸올 수 있을지 모르겠습니다. ❹공부를 할 수 있을지 모르겠습니다. ❺말하기가 좋아질지 모르겠습니다. ❻입에 맞을지 모르겠습니다.

6과 2항

1.

❶② 여	직	원			
권					⑥ 환
	❸④ 환	율			전
	전				하
		❺ 처	리	하	다

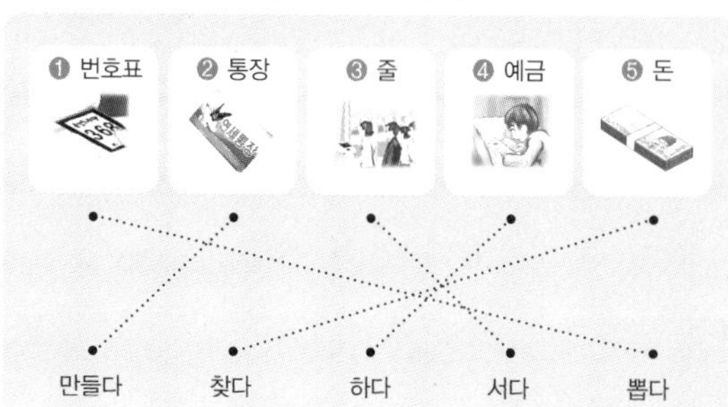

2. ❷통장을 만듭니다. ❸줄을 섭니다. ❹예금을 합니다. ❺돈을 찾습니다.
3. ❷로라 씨가 낮잠을 자는 동안 양견 씨는 TV를 봤습니다. ❸로라 씨가 쇼핑을 하는 동안 양견 씨는 헬스클럽에서 운동을 했습니다. ❹로라 씨가 미장원에서 머리를 자르는 동안 양견 씨는 집에서 쉬었습니다. ❺로라 씨가 청소를 하는 동안 양견 씨는 빨래를 했습니다. ❻로라 씨가 친구와 이메일을 하는 동안 양견 씨는 친구와 술을 마셨습니다.

4.

❶ 버스를 타고 올 때 뭐 해요?	이천만 원을 모았어요.
❷ 회사에 다닐 때 돈을 많이 모았어요?	사진을 많이 찍었어요.
❸ 여행을 할 때 뭐 했어요?	밖을 구경해요.
❹ 한국에서 사는 동안 뭐 하고 싶어요?	도서관에서 아르바이트를 했어요.
❺ 대학교에 다닐 때 무슨 아르바이트를 했어요?	책을 읽어요.
❻ 친구를 기다릴 때 뭐 해요?	한국 친구를 많이 사귀고 싶어요.

❷회사에 다니는 동안 이천 만원을 모았어요. ❸여행을 하는 동안 사진을 많이 찍었어요. ❹한국에서 사는 동안 한국친구를 많이 사귀고 싶어요. ❺대학교에 다니는 동안 도서관에서 아르바이트를 했어요. ❻친구를 기다리는 동안 책을 읽어요.

5. ❷맥주가 소주에 비해서 비싸요. ❸기말시험이 중간시험에 비해서 쉬워요. ❹나이에 비해서 키가 커요. ❺값에 비해서 맛이 괜찮아요. ❻식구수에 비해서 집이 커요.
6. ❷버스에 비해서 빨라요. ❸다른 회사에 비해서

늦습니다. ❹일에 비해서 월급이 적어요. ❺크기에 비해서 기름값이 많이 들어요. ❻ 값에 비해서 품질이 좋아요.

6과 3항

1. ❷생겨서 ❸저울 ❹보험에 드는 ❺올려놓는
2. ❷국제 특급 ❸택배 ❹특급 우편 ❺보통 우편
3. ❷오후에는 도서관에서 공부하거나 친구들과 같이 이야기합니다. ❸심심하면 만화책을 읽거나 컴퓨터 게임을 합니다. ❹시간이 있으면 미술관에 가거나 등산을 합니다. ❺돈이 없으면 친구들한테 빌리거나 어머니께 부탁합니다. ❻고향에서 친구가 오면 같이 쇼핑을 하거나 서울 시내를 구경합니다.
4. ❷아이들을 가르치거나 식당에서 일해요. ❸나중에 사거나 친구에게 빌려요. ❹선생님에게 물어보거나 교과서를 찾아 봅니다. ❺걸어오거나 마을버스를 타요. ❻운동을 하거나 술을 마십니다.
5. ❷방은 좋습니다만 학교에서 너무 멉니다. ❸모양은 괜찮습니다만 값이 좀 비쌉니다 ❹술을 잘 못 마십니다만 분위기는 좋아합니다. ❺한국에 온 지 3년 되었습니다만 아직 모르는 게 많습니다. ❻ 제 친구는 아닙니다만 몇 번 만난 적이 있습니다.
6. ❷좋아합니다만 배가 불러서 많이 못 먹겠습니다. ❸맥주를 좋아합니다만 차를 가지고 와서 마실 수 없습니다. ❹가고 싶습니다만 고향에서 부모님이 오셔서 못 가겠습니다. ❺수업이 한 시에 끝납니다만 다음 주에 시험이 있어서 공부를 해야 합니다. ❻배로 갈 수 있습니다만 시간이 너무 많이 걸려서 보통 비행기로 갑니다.

6과 4항

1. ❷ 연장 ❸놓인 ❹서류 ❺재학 증명서

2. ❶ 외국인 ○○○
주민 ○○○ • • 기간
차량 ○○○
❷ 재학 증명서를 ○○
비자를 ○○ • •등록증
장학금을 ○○
❸ 유효 ○○
비자 ○○ • • 받다
시험 ○○

시험기간은 5일 부터 7일까지입니다.

주민등록증(은)/는 18살부터 받을 수 있습니다.

비자을 /(를) 받으려면 대사관에 가야합니다.

3. ❷컵이 책상에 놓여 있습니다. ❸ 창문이 열려 있습니다. ❹불이 꺼져 있습니다 ❺텔레비전이 켜져 있습니다. ❻옷이 옷걸이에 걸려 있습니다.
4. ❷가 있어 ❸들어 있어서 ❹살아 있어 ❺서 있어서 ❻붙어 있어요. ❼남아 있어서 ❽앉아 있어 ❾비어 있는데 ❿열려 있으니까

5.
❶ 한국에서 오랫동안 살려면 •	• 여권을 받아야 합니다
❷ 운전을 하려면 •	• 외국인 등록증을 받아야 합니다.
❸ 해외여행을 하려면 •	• 단어 공부를 많이 해야 합니다.
❹ 건강해지려면 •	• 면허증을 받아야 합니다.
❺ 3급에 가려면 •	• 담배를 끊어야 합니다.
❻ 한국말을 빨리 배우려면 •	• 시험을 봐야 합니다.

❷운전을 하려면 면허증을 받지 않으면 안 됩니다. ❸해외여행을 하려면 여권을 받지 않으면 안 됩니다. ❹건강해지려면 담배를 끊지 않으면 안 됩니다. ❺3급에 가려면 시험을 보지 않으면 안 됩니다. ❻한국말을 빨리 배우려면 단어 공부를 많이 하지 않으면 안 됩니다.

6. ❷종교가 같지 않으면 안 됩니다. ❸재미있지 않으면 안 됩니다. ❹요리를 잘하지 않으면 안됩니다. ❺머리가 길지 않으면 안 됩니다. ❻잘 웃지 않으면 안 됩니다.

6과 5항

1. ❷처리하기 ❸자료 ❹이상 ❺떨어져서 ❻보험에 들어야 ❼알아보겠습니다 ❽서류 ❾올려놓으세요 ❿신청서
2. ❶도서관 : 열람실, 연체료, 대출하다, 반납하다
   ❷은행 : 현금인출기, 통장, 저금하다, 돈을 찾다
   ❸우체국 : 택배, 항공편, 저울, 보내다
   ❹출입국관리사무소 : 외국인 등록증, 유효기간, 연장하다, 신청하다
3. ❷시험 기간이어서 자리가 있을지 모르겠습니다. ❸중국에 출장 가 있는 동안 만리장성을 구경했어요. ❹일본에 비해서 싼 편이에요. ❺키에 비해서 발이 작아요. ❻운동을 하거나 집안일을 해요. ❼월급은 많습니다만 일이 너무 늦게 끝나서 힘들어요. ❽한국어를 배우지 않으면 안 돼요. ❾김 선생님 책상 위에는 컴퓨터가 놓여 있어요. ❿네, 불이 켜져 있었어요.
4. ❷앉아 있습니다 ❸입고 있는 ❹하고 있습니다 ❺켜져 있습니다 ❻살고 있습니다 ❼닫혀 있어서 ❽와 있습니다 ❾들어 있습니다 ❿비어 있어요.
5. 1)❹ 2)여러 가지 다른 일을 많이 해서 3)❶ × ❷ ○ ❸ ×
6. 1)❷영어를 가르쳐 준다 ❸영화를 보여 준다
   2)❶ ○ ❷ ○ ❸ ×
7. 생략
8. 생략

제7과 전화

7과 1항

1. 2)❷ 3)❸ 4)❹ 5)❸
2.

❶ "따르르릉, 따르르릉.....".	전화가 오다
❷ "그럼, 또 전화 할게요."	전화를 끊다
❸ "은영아, 전화 받아라. 친구한테서 전화 왔다"	전화를 바꿔 주다
❹ "여보세요. 연세대학교 어학당입니다."	전화를 받다
❺ "뚜, 뚜, 뚜, 뚜...."	통화 중이다
❻ "아닌데요, 몇 번에 거셨어요?"	전화를 잘못 걸다

3. ❷저기 벤치에 앉을래요? ❸좀 쉴래요? ❹동전 좀 빌려 줄래요? ❺다른 식당에 갈래요? ❻피곤하면 집에 갈래요?
4. ❷차 마실래? ❸영화 볼래? ❹노래방에 갈래? ❺뭐 할래? ❻그냥 집에 갈래?
5. ❷ 마이클 씨가 쉬는 시간에도 한국말로 이야기하자고 합니다. ❸아야코 씨가 교실이 좀 더우니까 창문을 열자고 합니다. ❹어머니께서 반찬이 없으니까 나가서 먹자고 하십니다. ❺지선 씨가 길이 막히니까 택시를 타지 말자고 합니다. ❻안드레이 씨가 비가 올 것 같으니까 나가지 말자고 합니다.
6. ❷하와이에 가자고 하는데 남자친구는 제주도에 가자고 해요. ❸저는 다이아몬드반지로 하자고 하는데 남자친구는 금반지로 하자고 해요. ❹저는 호텔에서 하자고 하는데 남자친구는 교회에서 하자고 해요. ❺결혼식 음식도 저는 양식으로 하자고 하는데 남자친구는 한식으로 하자고 해요.

❻저는 사자고 하는데 남자친구는 빌리자고 해요.

7과 2항

1. ❷지나서 ❸확인해 ❹밀린 ❺물어보세요
2. ❷문자메시지 ❸진동 ❹지역번호 ❺발신자
3. ❷여기가 학생회관이라고 합니다. ❸그 회사에서 만든 게 아니라고 합니다. ❹다음 학기부터 기숙사에 살 거라고 합니다. ❻설악산은 가을에 더 아름답다고 합니다. ❼이번 주말에는 약속이 없다고 합니다. ❽아야코 씨 고향은 별로 춥지 않다고 합니다. ❿여름에는 삼계탕을 많이 먹는다고 합니다. ⓫한국 친구 집에서 같이 산다고 합니다. ⓬그 분은 약속을 잘 지키지 않는다고 합니다. ⓮민수 씨는 어렸을 때 키가 작았다고 합니다. ⓯오늘 아침에는 차가 밀리지 않았다고 합니다. ⓰다음부터는 꼭 일찍 오겠다고 합니다. ⓲어느 분이 김 선생님이냐고 합니다. ⓳무슨 발음이 제일 어렵냐고 합니다. ⓴빨간 치마를 사는 게 어떠냐고 합니다. ㉑이 음식을 무엇으로 만드냐고 합니다.㉒한국에 온 지 얼마나 됐냐고 합니다. ㉓언제까지 한국에 살겠냐고 합니다.
4. ❷옌리 씨 할아버지께서 많이 아프신 것 같다고 해요. ❸고향에 갔다 와야겠다고 해요. ❹오늘 저녁 비행기로 출발한다고 해요. ❺3일 후에 돌아오니까 시험은 볼 수 있다고 해요. ❻시험공부를 못해서 걱정이라고 해요.
5. ❶ 살이 많이 쪘어요. • •이사해요.
   ❷ 눈이 나빠졌어요. • •일찍 집에 가요.
   ❸ 집이 너무 좁아요. • •다이어트를 해요.
   ❹ 자꾸 잊어버려요. • •안경을 써요.
   ❺ 너무 피곤해요. • •일요일에도회사에가요.
   ❻ 일이 많이 남았어요.• •메모해요.

   ❷ 눈이 나빠져서 안경을 써야겠어요. ❸집이 너무 좁아서 이사해야겠어요. ❹자꾸 잊어버려서 메모해야겠어요. ❺너무 피곤해서 일찍 집에 가야겠어요. ❻일이 많이 남아서 일요일에도 회사에 가야겠어요.
6. ❷다음 주부터 시험이어서 공부를 해야겠어요. ❸너무 늦어서 빨리 집에 가야겠어요. ❹힘들어서 학교 근처로 이사해야겠어요. ❺담배를 끊어야겠어요. ❻새 자동차를 사야겠어요.

7과 3항

1. 2)❹ 3)❹ 4)❷ 5)❸
2. 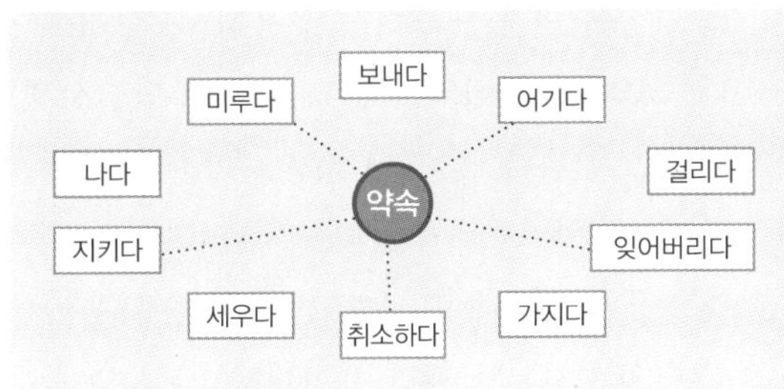

   ❷약속을 잊어버릴 ❸약속을 지킬 ❹약속을 미룰까요 ❺약속을 취소하면
3. ❷연세대학교 앞에서 내리라고 합니다. ❸바람이 많이 부니까 창문을 닫으라고 합니다. ❹코트를 옷걸이에 걸라고 합니다.❺여기에서는 사진을 찍지 말라고 합니다. ❻술을 마시고 운전하지 말라고 합니다.
4. ❷마이클 씨에게 자리에 앉으라고 합니다. ❸피터 씨에게 김밥을 그만 먹으라고 합니다. ❹안드레이 씨에게 일어나라고 합니다. ❺로라 씨에게 전화를 끊으라고 합니다. ❻옌리 씨에게 교실로 들어오라고 합니다.
5. ❷장학금을 받게 ❸친구들을 많이 사귀게 ❹한국말을 잘 하게 되었어요. ❺여기서 공부하게 되었어요. ❻한국말을 배우게 되었어요.
6. ❷지금 다니는 회사에서 만나게 되었습니다. ❸여자친구와 잠시 헤어지게 되었습니다. ❹다시 서울로 돌아오게 되었습니다. ❺결혼하게 되었습니다.❻같이 뉴욕으로 가서 일하게 되었습니다.

7과 4항

1. ❷고장난 ❸돌아오면 ❹전해 ❺서비스센터

정답

2. ❷누르다 ❸녹음하다 ❹통화료 ❺별표
3. ❷용돈 좀 달라고 합니다. ❸통화중이니까 잠깐 만 기다려 달라고 합니다. ❹하얀색 모자 좀 보여 달라고 합니다. ❺다시 한 번 설명해 달라고 합니다. ❼선생님께 꽃을 드리라고 합니다. ❽여자친구에게 향수를 사 주라고 합니다. ❾아야코 씨에게 시청에 가는 길을 가르쳐 주라고 합니다. ❿안드레이 씨에게 교과서를 보여 주라고 합니다.
4. ❷시험이 안 끝났으니까 조용히 해 달라고 합니다. 그리고 다 한 사람은 시험지를 담임선생님께 주라고 합니다. ❸지난번에 설악산에 가서 찍은 사진을 보여 달라고 합니다. 그리고 고향에 계신 부모님께도 보내 드리라고 합니다. ❹옷이 작으니까 새 옷을 사 달라고 합니다. 그리고 작은 옷은 동생한테 주라고 합니다. ❺이번 동창회에 몇 명 오는지 알려 달라고 합니다. 그리고 친구들에게 장소를 다시 한 번 설명해 주라고 합니다. ❻냉장고에 있는 아이스크림을 한 개 달라고 합니다. 그리고 민수한테도 하나 주라고 합니다.
5. ❷아버지께서 들어오시는 대로 저녁을 먹읍시다. ❸초대장을 다 만드는 대로 저한테 보여 주세요. ❹책을 다 읽는 대로 꼭 빌려 주세요. ❺편지를 받는 대로 답장을 하겠습니다. ❻대학교를 졸업하는 대로 취직하겠습니다.
6. ❷졸업하는 대로 결혼하겠습니다. ❸연락을 받는 대로 집에 전화해야겠습니다. ❹퇴근시간이 되는 대로 빨리 가겠습니다. ❺일을 끝내는 대로 DVD를 보겠습니다. ❻보너스를 받는 대로 디지털 카메라를 사겠습니다.

7과 5항

1. ❷확인해 ❸초대권 ❹물어봐 ❺곧 ❻매표소 ❼통화하다가 ❽깜빡 ❾밀렸고 ❿지나
2. ❷매표소 ❸최소하다 ❹통화중 ❺문자메시지 ❻발신자 ❼휴대전화 ❽단축번호
3. ❷전하실 말씀 있으세요? ❸그런 사람 없는데요. ❹전화 바꿨습니다. ❺몇 번에 거셨습니까? ❻잘 안 들려요.
4. ❷좋다고 했어요. ❸어디로 갈 거냐고 했어요. ❹관악산에 가기로 했다고 해요. ❺운동화와 편한 옷만 입고 오면 된다고 해요. ❻간단하게 점심을 준비해 가지고 오라고 해요. ❼아침 8시에 신촌 지하철역에서 만나자고 해요. ❽다른 일이 생기면 연락해 달라고 해요.
5. ❷열심히 공부해야겠어요. ❸친구가 소개해 주어서 알게 되었어요. ❹다 고치는 대로 연락드릴게요. ❺먼저 퇴근하실래요?
6. 1) ❸ 2)323-6732 3) ❶ ○ ❷ ○ ❸ ×
7. 1) ❶민수 지금 집에 없는데 전할 말 있니? ❷내일 약속을 미루고 싶어서 전화했는데요. ❸그럼 민수가 들어오는 대로 전화하라고 할게.
   2) ❶ × ❷ ○ ❸ ○ ❹ ×
8. 생략
9. 생략

제8과 병원

8과 1항

1. ❷심하면 ❸이틀 ❹식중독 ❺진찰
2. ❷배탈이 나다 ❸소화가 안 되다 ❹속이 쓰리다 ❺변비가 생기다
3. 2)❶ 3)❶ 4)❷ 5)❸ 6)❷
4. ❷그으면, 긋기 ❸나으니까, 낫고 ❹벗지, 벗어야 ❺부었어요, 붓는다고 ❻젓지, 저으세요
5.

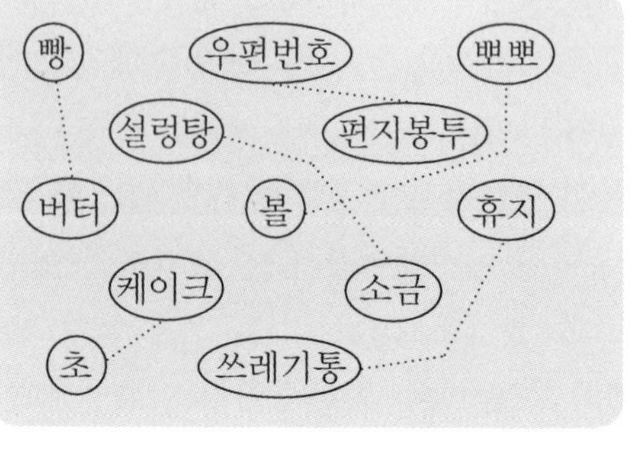

❷편지봉투, 우편번호 ❸빵, 버터 ❹볼, 뽀뽀 ❺케이크, 초 ❻쓰레기통, 휴지

6. ❷손바닥에다가 적으세요. ❸콜라병에다가 꽂읍시다. ❹팔에다가 맞으세요. ❺거실에다 놓는 게 어때요? ❻그릇에다가 좀 더세요.

8과 2항

1. ❷푹 ❸점점 ❹증세 ❺과로하면
2.
❶열	하다	→ 기침을 하다.
❷몸	나다	→ 열이 나다.
❸기침	떨리다	→ 몸이 떨리다.
❹코	쉬다	→ 목이 쉬다.
❺목	막히다	→ 코가 막히다.

3. ❷출근 시간인 데다가 사고도 났습니다. ❸민수 씨는 성격이 좋은 데다가 공부도 잘해요. ❹그 집 케이크는 맛있는 데다가 모양도 예뻐요. ❺한국말을 잘 하는 데다가 영어도 잘 합니다. ❻바람이 부는 데다가 비도 와요. ❼지각을 한 데다가 숙제도 안 가지고 왔어요. ❽감기에 걸린 데다가 배탈도 났어요.
4. ❷건강이 나빠지는 데다가 돈도 들어요. ❸값이 싼 데다가 깎을 수 있어서 좋아요. ❹주차장이 없는 데다가 환불하기가 어려워요. ❺쇼핑하기가 편한 데다가 병원, 학교도 많아서 좋아요. ❻공기가 나쁜 데다가 교통이 복잡해요.
5. ❷길에 세우지 말고 주차장에 세우세요. ❸산으로 가지 말고 바다로 갈까요? ❹버스를 타지 말고 지하철을 탈까요? ❺복도에서 담배를 피우지 말고 건물 밖에 나가서 피우세요. ❻드라마를 보지 말고 뉴스를 봅시다.
6. ❷커피를 마시지 말고 물을 드세요. ❸엘리베이터를 타지 말고 계단으로 걸어서 다니세요. ❹아침을 굶지 말고 꼭 드세요. ❺뛰지 말고 빨리 걸으세요. ❻음식을 먹지 말고 따뜻한 차를 한 잔 드세요.

8과 3항

1. ❷처방전 ❸종합 ❹나요 ❺약사
2. ❷소화제 ❸영양제 ❹수면제 ❺진통제
3. ❷건강 ❸나라 ❹남편을 위해서 ❺학생들을 위해서 ❻미래를 위해서
4.
❶좋은 대학에 들어갑니다.	노래방에 갔습니다.
❷스트레스를 풉니다.	열심히 운동을 하고 있습니다.
❸건강해집니다.	밤늦게까지 공부합니다.
❹좋은 자리를 잡습니다.	3시간 전에 왔습니다.
❺한국말을 잘 합니다.	여행을 합니다.
❻여러 가지 경험을 합니다.	한국친구와 말하기 연습을 합니다.

❷스트레스를 풀기 위해서 노래방에 갔습니다. ❸건강해지기 위해서 열심히 운동을 하고 있습니다. ❹좋은 자리를 잡기 위해서 3시간 전에 왔습니다. ❺한국말을 잘 하기 위해서 한국친구와 말하기 연습을 합니다. ❻여러 가지 경험을 하기 위해서 여행을 합니다.

5. ❷운동을 하기 위해서 걸어 다닙니다. ❸듣기 연습을 하기 위해서 뉴스를 들어요. ❹시험을 잘 보기 위해서 열심히 공부하는 것 같아요. ❺등록금을 벌기 위해서 아르바이트를 해야 합니다. ❻내일 아침에 일찍 일어나기 위해서 일찍 자야 해요.
6. ❷아무나 ❸아무 데나 ❹아무 거나 ❺아무 옷이나/아무거나 ❻아무 음식이나 /아무거나
7. ❷아무 때나 하세요. ❸아무 데나 갑시다. ❹아무 데서나 살 수 있어요. ❺아무나 들어갈 수 있어요. ❻아무 데나 괜찮아요.

8과 4항

1. ❷이용하십시오 ❸진료 ❹환절기 ❺환자

정답

2. ❷ 치료 ❸ 진단서 ❹ 건강 보험 ❺ 수술해야
3. ❷ 우리 사장님은 얼마나 부자인지 몰라요. ❸ 출퇴근 시간에는 교통이 얼마나 복잡한지 몰라요. ❹ 우리 고향은 겨울에 얼마나 추운지 몰라요. ❺ 학교가 우리 집에서 얼마나 먼지 몰라요. ❻ 아야코 씨는 피아노를 얼마나 잘 치는지 몰라요. ❼ 아이가 한 살인데 얼마나 잘 걷는지 몰라요. ❽ 로라 씨는 샌드위치를 얼마나 맛있게 만드는지 몰라요. ❾ 어젯밤에 눈이 얼마나 많이 왔는지 몰라요. ❿ 요즘 물건 값이 얼마나 많이 올랐는지 몰라요.
4. ❷ 얼마나 열심히 공부했는지 몰라요. ❸ 의사는 얼마나 힘든 직업인지 몰라요. ❹ 얼마나 많아졌는지 몰라요. ❺ 얼마나 열심히 일해야 하는지 몰라요. ❻ 얼마나 기쁜지 몰라요.
5. ❷ 저 분은 어학당 학생이 아닌가 봐요. ❸ 이번 시험이 어려운가 봐요. ❹ 그 영화가 재미있나 봐요. ❺ 엔리 씨는 친척집에 사나 봐요. ❻ 아야코 씨는 날마다 아침을 안 먹나 봐요. ❼ 앞에서 교통사고가 났나 봐요. ❽ 민수 씨가 술을 많이 마셨나 봐요. ❾ 선생님은 오늘 모임에 안 오실 건가 봐요. ❿ 여기에 주차장을 만들 건가 봐요.
6. ❷ 아야코 씨는 자나 봐요. ❸ 설거지를 안 했나 봐요. ❹ 한국말을 공부하나 봐요. ❺ 밖에 비가 오나 봐요. ❻ 개가 로라 씨를 좋아하나 봐요.

8과 5항

1. ❷ 환자 ❸ 심해서 ❹ 종합 ❺ 점점 ❻ 해물 ❼ 환절기 ❽ 푹 ❾ 떨려서 ❿ 과로
2.

수술 ,	퇴원	하다
소독약 ,	연고	바르다
열 ,	배탈	나다
영양제 ,	수면제	먹다

❷ 연고를 바르세요. ❸ 영양제를 먹는 ❹ 배탈이 났을 ❺ 퇴원해도 ❻ 소독약을 바르십시오. ❼ 수면제를 먹는 ❽ 열이 날

3. ❷ 집에다가 놓고 왔어요. ❸ 버스가 늦게 온 데다가 차가 많이 밀려서 늦었어요. ❹ 어린이나 노인들, 몸이 불편한 사람들을 위해서 만든 자리예요. ❺ 취직하기 위해서 영어를 공부해요. ❻ 아무 때나 오세요. ❼ 얼마나 기쁜지 몰라요. ❽ 싸웠나 봐요.
4. ❷ × ❸ × ❹ ○ ❺ ○ ❻ × ❼ ○ ❽ ○
5. ❷ 벤치에 ❸ 편한 데다가 ❹ 바쁜가 봐요 ❺ 아무 영화나 ❻ 사지 말고 ❼ 먹은 데다가 ❽ 웃었는지 몰라요.
6. 1) ❶ 2 ❷ 1 ❸ 4 ❹ 3 2) 열이 많은 데다가 목도 많이 부었다. 3) ❶ × ❷ ○ ❸ ×
7. 1) ❷ 2) ❶ ○ ❷ × ❸ × 3) ❹
8. 생략
9. 생략

제9과 여행

9과 1항

1. ❷ 기억에 남는 ❸ 동해 ❹ 장면 ❺ 일출
2.

❶ 배낭 여행 •	• 결혼한 후에 부부가 가는 여행
❷ 신혼 여행 •	• 학교에서 같은 학년 친구들이 모두 함께 가는 여행
❸ 국내 여행 •	• 여러 명이 모여서 관광안내원과 함께 가는 여행
❹ 수학 여행 •	• 돈을 아주 조금만 쓰면서 하는 여행
❺ 단체 관광 •	• 외국으로 가지 않고 자기 나라 안에서 하는 여행

3. ❷ 그 사람은 소고기밖에 안 먹어요. ❸ 한국에서는 한국말밖에 안 씁니다. ❹ 그 사람은 그 노래밖에 안 불러요. ❺ 그 사람은 아들밖에 없어요. ❻ 그 사람의 이름밖에 몰라요.
4. ❷ 세 명밖에 없어요. ❸ 두 달밖에 안 배웠어요. ❹ 조금밖에 못 하세요. ❺ 고모밖에 없어요. ❻ 전

화밖에 안 해요.

5. ❷ 지선 씨 생일 파티 때 민수 씨가 불렀던 노래입니다.❸ 30년 전에 어머니가 입으셨던 웨딩드레스입니다. ❹ 고등학교 2학년 때 수학여행을 가서 찍었던 사진입니다. ❺ 친구가 놀러 왔을 때 친구한테 빌려줬던 책을 받았어요. ❻ 처음 선생님이 되었을 때 제가 가르쳤던 학생들이 생각납니다.
6. ❷ 먹었던 음식입니다. ❸ 사용했던 그릇입니다. ❹ 꼈던 반지입니다. ❺ 했던 벨트입니다. ❻ 사용했던 침대입니다.

9과 2항

1. ❷ 수도 ❸ 연휴 ❹ 볼거리 ❺ 숙박 시설
2. ❷ 3박 4일 ❸ 교통편 ❹ 여행자 보험 ❺ 여행 안내서
3.

❶ 자동차	•2층	: 건물의 2층
❷ 영국	•바퀴	: 자동차의 바퀴
❸ 친구	•가방	: 친구의 가방
❹ 건물	•여왕	: 영국의 여왕
❺ 한국	•셋째 줄	: 50페이지의 셋째 줄
❻ 50페이지	•김치	: 한국의 김치

4. ❷ 서울의 지하철 ❸ 지하철의 매표소 ❹ 매표소의 역무원 ❺ 역무원의 우산 ❻ 우산의 손잡이
5. ❷ 지선 씨가 먹던 샌드위치입니다. ❸ 지선 씨가 읽던 신문입니다. ❹ 날마다 학교에 같이 가던 친구입니다. ❺ 같이 운동장에서 축구를 하던 친구입니다. ❻ 시험 때마다 어려운 문제를 가르쳐 주던 친구입니다.
6. ❷ 갔던 ❸ 하던 ❹ 샀던 ❺ 있던 ❻ 탔던 ❼ 들렀던 ❽ 보냈던 ❾ 입었던 ❿ 헤어졌던 ⓫ 쓰던 ⓬ 났던 ⓭ 사귀던

9과 3항

1. ❷ 성함 ❸ 묵었어요 ❹ 원하는 ❺ 전망
2. 2)❸ 3)❷ 4)❸ 5)❶
3. ❷ 로라 씨는 6일 만에 빨래를 했다. ❸ 3일 만에 음식을 먹었다. ❹ 3일 만에 집으로 돌아왔다. ❺ 10일 만에 고향에 전화했다. ❻ 2주일 만에 청소를 했다.
4. ❷ 5년 만에 박사학위를 받았다. ❸ 회사에 들어간 지 4년 만에 부장이 되었다. ❹ 결혼한 지 3년 만에 아이를 낳았다. ❺ 결혼한 지 5년 만에 큰 집을 샀다. ❻ 회사에 들어간 지 20년 만에 회사를 그만 두었다.
5. ❷ 고기 ❸ 어른 ❹ 귤만큼 ❺ 하늘만큼 ❻ 여자만큼
6. ❷ 양견 씨만큼 노래를 잘 부르는 사람은 없어요. ❸ 이집트만큼 더운 나라는 없어요. ❹ 마이클 씨만큼 스파게티를 맛있게 만드는 사람은 없어요. ❺ 제주도만큼 경치가 아름다운 곳은 없어요.❻ 개만큼 사람과 친한 동물은 없어요.

9과 4항

1. ❷ 추천해 ❸ 빼 놓고 ❹ 바닷가 ❺ 시대
2. ❷ 호수 ❸ 온천 ❹ 강 ❺ 해변
3. ❷ 재미있더군요. ❸ 길이 막히지 않더군요. ❹ 거실에서 텔레비전을 보고 있더군요.❺ 네, 민수 씨 집 찾기가 어렵더군요. ❻ 식당으로 가더군요.
4.

오늘은 친구와 같이 설악산에 ❶ 왔어요.(×) 친구 차로 갔는데 아침 일찍 출발해서 길은 별로 ❷ 막히지 않았어요.(막히지 않더군요.) 우리는 설악산에 12시쯤 ❸ 도착했어요.(×) 친구 혼자운전을 했기 때문에 친구가 좀 ❹ 피곤해 보였어요.(피곤해 보이더군요.) 그래서 등산은 내일 하기로 ❺ 했어요.(×) 우선 호텔에다가 가방을 놓은 후에 점심을 ❻ 먹었어요.(×) 비빔밥을 먹었는데 여러 가지 채소가 많이 들어 있어서 참 ❼ 맛있었어요.(맛있더군요.) 밥을 먹고 호텔 근처에 있는 큰 온천 수영장에 갔는데 친구가 수영을 아주 ❽ 잘 했어요.(잘 하더군요.) 우리는 거기서 세 시간 쯤 ❾ 놀았어요.(×) 수영을 하다가 추우면 따뜻한 물에 들어가 있으면 되니까 ❿ 좋았어요.(좋더군요.)

정답

5. ❷ 토요일이서 그런지 길이 막히는군요.
   ❸ 교통이 편리해서 그런지 아파트 값이 비싸요.
   ❹ 요즘 양견 씨가 일이 많아서 그런지 피곤해 보여요.
   ❺ 학교에서 가까워서 그런지 그 식당에는 사람이 많아요.
   ❻ 몸이 안 좋아서 그런지 마이클 씨는 여행을 안 갔어요.
6. ❷ 담배를 많이 피워서 그런지 피곤해요. ❸ 오랫동안 모니터를 봐서 그런지 눈이 나빠졌어요. ❹ 과자를 많이 먹어서 그런지 살이 쪘어. ❺ 커피를 많이 마셔서 그런지 잘 못 잤어요. ❻ 비타민 C를 먹어서 그런지 피부가 좋아진 것 같아요.

9과 5항

1. ❷ 일출 ❸ 수도 ❹ 숙박 시설 ❺ 묵었어요 ❻ 전망 ❼ 시대 ❽ 연휴 ❾ 장면 ❿ 추천하겠습니까
2. ❷ 배낭 여행 ❸ 교통편 ❹ 여행 경비 ❺ 해변 ❻ 신혼 여행
3. ❷ 친구가 쓰던 책이에요. ❸ 30분밖에 안 했어요. ❹ 한 달 만에 만났어요. ❺ 마이클 씨만큼 열심히 공부하는 학생도 없어요. ❻ 성격도 좋고 재미있더군요. ❼ 한국의 대통령은 ○○○이에요. ❽ 어제 대청소를 해서 그런지 피곤하군요. ❾ 지난 주에 공항에서 만났던 마이클 씨 친구예요. ❿ 읽기 수업을 하고 있더군요.
4. ❷ 아까 왔던 사람이 누구예요? (○)
   아까 오던 사람이 누구예요? (   )
   ❸ 먹었던 밥 다 먹고 놀아라. (   )
   먹던 밥 다 먹고 놀아라. (○)
   ❹ 제가 민수 씨보다 술을 많이 마시더군요. (   )
   민수 씨가 저보다 술을 많이 마시더군요. (○)
   ❺ 교실이 더워서 에어컨을 켰어요. (○)
   교실이 더워서 그런지 에어컨을 켰어요. (   )
5. ❶ 번호가 바뀌었다. ❷ 기찻길이 없어졌다. ❸ 새로운 건물이 많아졌다. ❹ 식당이 많이 생겼다. ❺ 3층에 있던 남자화장실이 없어졌다.
6. 1)❸ 2)❷ 3)❶ × ❷ ○ ❸ ○
7. 생략
8. 생략

제10과 집안일

10과 1항

1. ❷ 보증금 ❸ 시설 ❹ 전세 ❺ 월세
2. ❷ 부동산 소개소 ❸ 구경하러 ❹ 계약 ❺ 소개비
3. ❷ 그러니까 ❸ 그래도 ❹ 그렇지만 ❺ 그래서 ❻ 그리고
4. ❷ (그리고, 그래도, 그런데) ❸ (그래도, 그래서, 그런데) ❹ (그리고, 그래서, 그러니까) ❺ (그래도, 그래서, 그리고) ❻ (그러니까, 그런데, 그리고)
5. ❷ 보면 볼수록 갖고 싶은 것: 새로 나온 휴대전화 ❸ 들으면 들을수록 기분 좋아지는 말 : 성격이 참 좋군요. ❹ 많으면 많을수록 좋은 것 : 좋은 친구 ❺ 크면 클수록 좋은 것 : 자동차 ❻ 시간이 가면 갈수록 생각나는 사람 : 고등학교 때 첫사랑
6. ❷ 먹으면 먹을수록 ❸ 깎으면 깎을수록 ❹ 닦으면 닦을수록 ❺ 치면 칠수록 ❻ 맞으면 맞을수록

10과 2항

1. ❷ 참았다 ❸ 나아요 ❹ 포장이사 ❺ 엄살 부리지
2. 2)❸ 3)❶ 4)❸ 5)❷
3. ❷ 어학당 선생님이 아닌 줄 알았어요. ❸ 한국말 배우기가 어려울 줄 알았어요. ❹ 학교가 먼 줄 알았어요. ❺ 그 영화가 재미없는 줄 알았어요. ❻ 민수 씨가 술을 잘 마실 줄 알았어요. ❼ 로라 씨가 기숙사에 사는 줄 알았어요. ❽ 김 선생님이 결혼하신 줄 알았어요. ❾ 수업이 끝난 줄 알았어요.
4. 생략

5.

❶ 눈	아름답다 → 설악산 경치가 그림 처럼 아름다워요.
❷ 호랑이	하얗다 → 양견씨 피부가 눈 처럼 하얘요.
❸ 그림	예쁘다 → 그 아이는 인형처럼 예뻐요.
❹ 바다	맑다 → 그 여자 눈은 호수처럼 맑아요.
❺ 인형	넓다 → 우리 아버지 마음은 바다처럼 넓어요.
❻ 호수	무섭다 → 우리 반 선생님은 호랑이 처럼 무서워요.

6. ❷ 빌 게이츠처럼 ❸ 제 한국친구처럼 ❹ 반말을 해요. ❺ 인사도 안 해요. ❻ 아무 말도 안 해요.

10과 3항

1. ❷ 걸레 ❸ 재활용 ❹ 깔끔한 ❺ 상자
2.

❶ 집들이가 끝나고 친구들이 돌아갔어요.	청소기를 돌리다
❷ 카펫에 먼지가 많아요.	빨래를 하다
❸ 친구가 여행가면서 강아지를 저에게 부탁했어요.	설거지를 하다
❹ 축구를 하다가 넘어져서 옷이 더러워졌어요.	화분에 물을 주다
❺ 여행을 갔다 와서 보니까 화분이 말랐어요.	강아지를 돌보다

3. ❷ 세종대왕 ❸ 한국친구 ❹ 경찰관 덕분에 ❺ 인터넷 덕분에 ❻ 한·일 월드컵 덕분에
4. ❷ 교수님 덕분에 ❸ 사장님 덕분에 ❹ 회사 선배 덕분에 좋은 하숙집을 찾았습니다. ❺ 하숙집 아주머니 덕분에 여러가지 한국 음식을 먹어 볼 수 있었습니다. ❻ 어학당 선생님 덕분에 이렇게 한국말을 잘 하게 되었습니다.

5.

❶ 텔레비전을 봤어요.	단어를 외워요.
❷ 웃어요.	아르바이트도 해요.
❸ 지하철을 타고 와요.	저녁을 먹었어요.
❹ 어릴 때 사진을 봤어요.	인사하세요.
❺ 학교에 다녀요.	노래를 불러요.
❻ 피아노를 쳐요.	초등학교 때 친구 생각을 했어요.

❷ 웃으면서 인사하세요. ❸ 지하철을 타고 오면서 단어를 외워요. ❹ 어릴 때 사진을 보면서 초등학교 때 친구 생각을 했어요. ❺ 학교에 다니면서 아르바이트도 해요. ❻ 피아노를 치면서 노래를 불러요.

6. ❷ 테이프를 들으면서 따라하면 좋아요. ❸ 운전하면서 음악을 들으면 좋아요. ❹ 수업을 들으면서 껌을 씹으면 안 돼요. ❺ 시험을 보면서 옆 사람과 이야기하면 안 돼요. ❻ 길을 걸으면서 담배를 피우면 안 돼요.

10과 4항

1. ❷ 빠져요 ❸ 얼룩 ❹ 스카프 ❺ 빼는
2. ❶ 세탁하다 ❷ 짜다 ❹ 말리다 ❺ 다림질하다
3. ❷ 컵이 깨졌어요. ❸ 불이 꺼졌어요. ❹ 살이 빠졌어요. ❺ 감자가 삶아졌어요. ❻ 글씨가 지워졌어요.
4. ❷ 폈습니다 ❸ 써서 ❹ 지웠는데 ❺ 지워지지 ❻ 쏟아졌습니다 ❼ 꺼졌고 ❽ 찢어진 ❾ 펴지지

정답

5.

❶ 값을 깎아 드리겠습니다.	먼저 드세요.
❷ 제가 한 잔 사겠습니다.	불고기를 만드는 게 어때요?
❸ 수업이 끝나는 대로 가겠습니다.	다음에 또 오세요.
❹ 그 분은 매운 음식을 잘 못 드시겠습니다.	퇴근 후에 만납시다.
❺ 배가 고프시겠습니다.	다른 길로 갑시다.
❻ 그 길은 복잡하겠습니다 .	잠깐만 기다려 주십시오.

❷ 제가 한 잔 살 테니까 퇴근 후에 만납시다. ❸ 수업이 끝나는 대로 갈 테니까 잠깐만 기다려 주십시오. ❹그 분은 매운 음식을 잘 못 드실 테니까 불고기를 만드는 게 어때요? ❺배가 고프실 테니까 먼저 드세요. ❻그 길은 복잡할 테니까 다른 길로 갑시다.

6. ❸김밥을 만들 테니까 지선 씨는 음료수를 사 오세요. ❹김밥을 만들기 힘들 테니까 제가 만들어 가지고 올게요. ❺장소를 알아볼 테니까 친구들에게 연락하세요. ❻시간이 많이 걸릴 테니까 내가 장소를 알아볼게요. ❼쓰레기를 버릴 테니까 너는 청소기를 돌려. ❽냄새가 날 테니까 내가 쓰레기를 버릴게.

10과 5항

1. ❷상자 ❸깔끔한 ❹보증금 ❺재활용 ❻전세 ❼엄살 부리지 ❽참을 ❾얼룩 ❿시설

2.

정	빨	설	거	지	청	계	동
리	장	돌	부	래	소	개	비
하	리	옷	걸	이	기	약	산
다	아	말	옮	사	다	리	차
재	싸	리	림	비	화	분	터
돌	보	다	질	용	탁	표	드

❷ 청소기 ❸돌보다 ❹소개비 ❺사다리차 ❻이사비용 ❼정리하다 ❽설거지 ❾말리다 ❿화분

3. ❷ 보면 볼수록 재미있어요. ❸ 한국사람 ❹저는 민수 씨가 계속 회사에 다니는 ❺주말에는 사람이 많을 ❻음악을 들으면서 커피를 마실 ❼선생님 ❽깨졌어요 ❾일이 끝나는 대로 갈 ❿안 오실

4. 2) ❷ → 살이 많이 빠졌다 3) ❸ → 좋아하는 줄 알았다 4) ❷ → 날씨 때문에

5. 1)❸ 2) ❶ 방 수 ❷ 가격 3) ❶ ○ ❷ × ❸○

6. 1)❷

2)

	나	친구
빨래	(1) 수요일	(2) 토요일
요리	(3) 화요일,목요일,일요일	(4) 월요일,수요일,금요일
설거지	(5) 화요일,목요일,일요일	(6) 월요일,수요일,금요일

3) ❶ × ❷ × ❸ ○

7. 생략 8. 생략

복습문제(6과~10과)

Ⅰ. 1.벌써 2.선약 3.깜빡 4.웬일이에요 5.처럼 6.성함 7.푹 8.장면 9.의 10.덕분에 11.이틀 12.만큼 13.전망 14.점점 15.볼거리

Ⅱ. 1.❷ 2.❷ 3.❶ 4.❹ 5.❷

Ⅲ. 1.❸ 2.❷ 3.❶ 4.❹ 5.❷

Ⅳ.

1.사다리차, 소개비, 포장	여행
2.배낭, 신혼, 수학	휴대전화
3.입국, 출국, 여권	이사
4.우물정자, 진동, 요금	병원
5.수술, 입원, 보험	공항

Ⅴ. 1.연습을 많이 하면 할수록 발음이 좋아집니다.2.샤워를 하면서 노래를 부릅니다. 3.친구가 설거지를 하는 동안 저는 과일과 차를 준비해요. 4.올 때까지 기다릴 테니까 천천히 오세요. 5.여러 번 메일을 보냈습니다만 답장이 오지 않습니

다. 6.밥이 없으면 라면을 끓여 먹거나 자장면을 시켜 먹습니다. 7.지선 씨가 몸이 안 좋아서 그런지 하루 종일 말을 안 해요. 8.메시지를 확인하는 대로 저한테 전화해 주세요. 9.늦게까지 공부하지 말고 일찍 자라. 10.눈이 나쁜 데다가 뒷자리여서 잘 안 보여요.

Ⅵ. 1. 한국말을 잘 해졌습니다. ( )
한국말을 잘 하게 되었습니다. (○)
2. 추운데 창문이 열려 있어서 닫았어요. (○)
추운데 창문이 열고 있어서 닫았어요. ( )
3. 돈을 벌기 때문에 아르바이트를 합니다. ( )
돈을 벌기 위해서 아르바이트를 합니다. (○)
4. 어제 가던 그 식당에 가자. ( )
어제 갔던 그 식당에 가자. (○)
5. 3년 만에 고향에 갔습니다. (○)
3년 동안 고향에 갔습니다. ( )

Ⅶ. 1.안 자는데요. 2.그러니까 3.많더군요 4.온 데다가 5.나았어요 6.아픈가 봐요. 7.올랐는지 8.빠졌어요 9.자리에 10.하지 말고

Ⅷ. ❶ 여기가 2급 교실이라고 합니다. ❷ 내일부터 연휴라고 합니다. ❸이건 한국음식이 아니라고 합니다. ❹지하철을 타는 게 더 빠르다고 합니다. ❺이 식당은 비빔냉면이 맛있다고 합니다. ❻로라 씨는 채소를 많이 먹는다고 합니다. ❼작년에도 날씨가 아주 더웠다고 합니다. ❽민수 씨가 청소를 도와주겠다고 합니다. ❾가방을 여기 놓으라고 합니다. ❿약속 시간에 늦지 말라고 합니다. ⓫동전 좀 빌려 달라고 합니다. ⓬아이에게 책을 읽어 주라고 합니다. ⓭요즘 어떻게 지내냐고 합니다. ⓮어제 왜 모임에 안 왔냐고 합니다. ⓯늦었으니까 택시를 타고 가자고 합니다.

Ⅸ. 1.민수 씨가 선배인 줄 알았어요. 2.많이 먹었는지 몰라요. 3.잘 볼 수 있을 테니까 걱정하지 말고 푹 자. 4.한국의 명절에 대해서 이야기 해 주셨어요. 5.몇 명이나 올지 모르겠습니다. 6.가격에 비해서 괜찮은 것 같아요. 7.내일까지 내지 않으면 안 됩니다. 8.글쎄요. 벌써 수업이 끝났나 봐요. 9.지난번에 만났던 커피숍에서 만나요. 10.아무 때나 괜찮아. 11.시험에 대해서 얘기하고 있더군요. 12.학교가 가까워서 그런지 다른 곳보다 좀 비싸요. 13.수업 끝나고 같이 점심 먹을래요? 14.시험 준비를 빨리 시작해야겠어요. 15.유명한 가수의 사인을 받기 위해서 줄을 서 있다고 합니다.

십자말 풀이 2

	❶강	아	②지			❻진	⑦통	제	
			❸나	다			화		⑩매
❹예	⑤약	하	다		❽⑨연	체	료		표
	국				락			⓫청	소
		⓬시	⑬설		처		⑯동		
			거				⓱해	⑱변	
	⑭유		지		㉒시			⓳비	⑳다
	효			㉑휴	대	㉓전	화		림
⓯어	기	다				망			질
	간